U0939999

蒋雅淇
台湾知名创业家与媒体人

没经验，是你最大优势

the Courage to Experience

中国商业出版社

推荐序

清空与容纳的珍贵人生记录

清空抽屉，常会感觉舍不得，

清空自己的人生，当然会更舍不得。

然而，清空之后，容纳之多，超乎过去……

这本书是雅淇生活中，清空与容纳的珍贵记录。

蔡康永

主持人、作家

推荐序

即使“没经验”，也都“没问题”

人生，是一盘永远预测不到的棋局。尤其在蒋雅淇身上。

第一次见到蒋雅淇是在采访场合，她在某杂志社当记者，留着一头干练的短发，说话不疾不徐，脸上带着恰恰好的笑容，老练成熟到完全看不出她才刚从大学毕业，仿佛一切都在掌控之中。那时就想着这样的女孩子将来若能当上主播，也是很自然的事情。

后来，她果然成了电视台主播，而且依旧任何事情都“under control”，有办法、有步骤，就算没有办法她也能一一克服，仿佛世界上没有事情难得倒她。当然，这是我这个外人从外界的观察，是否真如此，也不得而知。

蒋雅淇做人跟她穿衣服很像，永远轻便、得体，好像有一种女人永远薄毛衣搭配裤装，脚上一双便鞋、手上拎个包包，便于行动又有风格。她是狂风吹来，头发也不会乱的人，却又不是像官太太那种英国卫士帽般地僵硬。身在名利场，难免有些蜚短流长与八卦，也都难不倒她。

结婚生子后她退出媒体圈，跟先生一同创立苹果电脑专卖店，做得有声有色，依旧under control、条理分明。但世事难料，后来雅淇在短短半年之内遭受失去妈妈、爸爸、老公的三重打击，哥哥也离开台湾，身边最重要的支柱一一倒下，人生就像遭到强烈“台风”袭击，再坚强，也倾颓。曾经事事under control的她，忽然什么都control不了，这是老天给她最大、最残酷的功课。

但蒋雅淇还是挺过来了，“台风”过后她重建家园，脸上依旧带着盈盈笑容，继续陪孩子，经营苹果专卖店，还参加了简单生活节的策划，都做得很棒！（只有慈善义演上独唱名曲时，高音部分有点out of control！）上帝不按牌理出牌，反而更能看出她的能耐。

我不知道蒋雅淇这一身本事从何而来，她出版了新书《没经验，是你最大优势》，讲述自己从未知开始摸索的心路历程，应能从中窥知一二。

至于未来的岁月会怎么进行，会不会出现更多挑战？她不知道，我也不知道。但我相信，就算“有问题”，蒋雅淇也一定“没问题”。

王伟忠
著名电视节目制作人
《康熙来了》《国光帮帮忙》制作人
金星娱乐总经理、TVBS副总经理
中央电视台《我要上春晚》评委
东方卫视《中国梦之声》梦想导师
东方卫视《中国达人秀》梦想观察员

作者序

正能量，全面来袭！

这是我写的第五本书，前面四本教人理财、创业，虽然在台湾地区本本畅销，但是出版时机的不同，从没机会跟大陆读者碰面。

《没经验，是你最大优势》于今年四月在台湾地区上市后，第一天就拿下好成绩。之后立刻登上书店龙头诚品，以及博客来、金石堂各大畅销排行榜冠军，重量级得奖节目“看板人物”专访，媒体、广播访问不断，至今盘踞各大畅销榜，成为出版社本年度最畅销书籍。

在这些热热闹闹的成绩背后，一个个深刻动人的留言排山倒海而来，读者看了我的书，告诉我：“前半段笑到不行，后半段哭到不行”；有些人回应：“在一连串的失败中，重新找到了站起来的力量”；更多人告诉我：“在无法挽回的生死议题中，找到了继续往前的盼望”……

于是，我告诉我自己，是时候了！不管在台湾地区、大陆，甚至是在天涯海角，人一生中必定要面临的成功、失败，甚至生老病死，是不分疆域，不论贫穷富贵，通通都要遇到的！这本书前半段描述成功方程式，“没经验”如何过关斩将，杀出事业高峰！中段开始面临事业排山倒海而来的困境，至亲家人三个月内一个一个离世，“没经验”让再能干的女强人，也无法挽回这般处境与劣势。末段怀着爱与盼望，带着年幼的孩子正面迎接生命课题，尽管“没经验”，还能重新站稳得力！

我告诉我自己，这次，是跟大陆读者见面的最好时机了！《没经验，是你最大优势》是我从“人生胜利组”，跌到“人生悲惨组”，又从谷底爬起来的故事。写作的两年期间，我只告诉我自己：如果能因此帮助到一个人，哪怕只有一个人，也好！

出书后每次演讲中，我掏心掏肺地分享，总是一次又一次地激动着听众的心，啜泣、掩面痛哭的画面一再出现，但在清空情绪垃圾之后，一个个听众、读者又笑出了信心与希望！我愿意把这份无法抵挡的正面能量带到这里，跟每一个生命分享！

CONTENTS | 目 录 |

CHAPTER 1 没经验，让我更大胆：菜鸟的进击与逆袭

CHAPTER 2 要创业，没经验：一切从不会开始

CHAPTER 3 不会就问，问懂了就是你的

CHAPTER 4 成功，是给敢于坚持的人

CHAPTER 5 我的字典里，没有“放弃”两个字

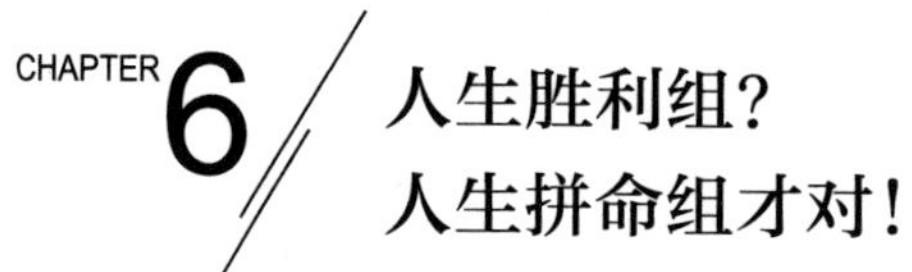

CHAPTER 6 人生胜利组？人生拼命组才对！

CHAPTER 7 谁能给我美好人生？面对人生巨变，没经验也得前进

CHAPTER 8 没经验的道路，继续勇敢向前

CHAPTER 1 没经验，让我更大胆：菜鸟的进击与逆袭

日文系的应届毕业生，一心一意想成为新闻工作者，无奈非本科系毕业，月刊、电视、广播通通考不上。好不容易挤进新创媒体，更多更大的考验才要开始：完全听不懂的记者会；被扔在垃圾桶里的稿子；被老板呵斥明天别来上班了；卖力打完3万字封面故事的稿子，却因为停电而瞬间消失。

然而“不会”从来挡不住我“想会”的决心，任何挫折从来吓不跑、赶不走我想成功的毅力，“不要怕，只要做”的信念深深嵌在我的脑里。遇到机会从不放弃，面对任何困难，顶多咬着牙，吞下眼泪，也绝不告诉自己“我不行”。

没有任何背景的毕业生，第一份工作一定要坚持做满两年，人生字典里没有“放弃”两个字，在跌跌撞撞的新闻路上，立志成为逆转胜的新鲜人。

01 失败有什么关系，就去试吧

如果我当时扔掉了那张单子，就不会有这段特殊的经历，与开阔的眼界，这一切多亏听了老哥的那句话：“失败有什么关系，就去试吧！”让我不怕尝试，勇敢踏出第一步。

家里六个孩子中我排行老幺，老大大我二十岁，中间有哥哥姐姐；妈妈从十八岁生到三十八岁，还是水蛇腰的大美人。身为幺女的我并没有特别得宠，反而因为父母不太盯我，兄姐年纪差距大没空管我，养成我“凡事靠自己”的个性。初中、高中、大学都是住校，天不怕地不怕，爸妈也从来没有阻止我做过什么。

学生时代最夸张的行为，大概是周日早上跑去舞厅跳舞却遇到警察临检，学校知道后记我小过，通知单也寄到了家里。我头皮发麻心想这次完蛋了，没想到妈妈看完后说：“哎呀，不就是跳个舞嘛！”顺手就把记过单丢进抽屉，不但完全没告诉爸爸，连我也完全没看到那张记过单，之后妈妈再没提过这档事。我常常觉得也许是妈妈的包容，不会给孩子太大的压力，反而让孩子更懂得自爱。

求学阶段我就勇于挑战摸索。就读圣心女中（台湾新北市私立女子高级中学，是中国台湾地区名校）时，我参与各种活动，仪队旗手、司仪、军歌比赛、合唱指挥、话剧主角，还曾经代表学校参加全台湾英文即兴演讲比赛，打败建中（即台北市建国高级中学，与北一女并称中国台湾地区最好的高中学校）、北一女（即台北市立第一女子高级中学，是台北市的明星高中），拿到全台湾地区的第二名，当时创下圣心创校以来的最佳成绩。

立定志向，为未来加分

或许因为对新鲜事物充满好奇，新闻工作成为我从小到大的梦想。记得幼儿园的时候，妈妈就给我看李艳秋主持的《每日一字》，让我耳濡目染何谓字正腔圆；她还帮我收集了很多当时当红华人主播的剪报，让我知道别人如何迈向成功。回想起小学时代，脑海经常会出现我头顶着书走直线的画面，希望借此训练良好的仪态；不然就是倚在床边大声念报，一方面增进中文词汇，顺便也练习口头表达能力。

既然想从事新闻工作，联考时的第一志愿当然是大众传播系，可惜我没考上心中第一目标辅大（辅仁大学的简称）大传系，最后决定先选校不选系，攻读辅大日文。因为我相信多一种专长就多一项工作优势，之后再选修广告和大传系的课。没想到开学第一天，我就发现居然有“辅大新闻社”，而且不必是相关科系的学生，有兴趣者都可以参加，于是我立刻登门报到，成为那个学年度加入该社团的第一人。当时我心想：这个社团经历，对未来转新闻系或争取在媒体工作，一定会有帮助！

在新闻社期间，我参加过“野百合学运”，大二就出来竞选学生会会长，进行全校拜票、一班一班地去自我介绍，小小学校里总共也没有多少人，最后竟赢了对手一千多票。我并没有什么过人的优势，只不过心中一直有个坚持，就是做什么都要拼命拼命做好！选上会长后，曾与台湾教育主管部门的“高教司长”面对面，倡议修改“大学法”，并在我担任学生会长期间修法成功，让过去夜间部学生非得念五年的规定，改为只要修满学分就能毕业。

担任学生会会长期间我还办了很多活动和刊物，尽管每届会长都会办活动，但是刊物却是我出得最多，印象最深刻的是《辅大手册》，当时我和团队跑遍学校附近所有商店拉广告、谈折扣，希望让同学享受各式各样的福利，也读到许多好文章。而所有这些刊物，会长是当然的“总编辑”，还规划了“会长的话”单元。当时我天真地想：虽然我不是大传相关科系毕业，但是日后求职时，如果能多带几本自己编的刊物，里头还有自己写的文章，应该会有加分作用吧！

失去机会，才是最大损失

学生时代就领悟到不要放弃任何机会，最特别的经验是，有次下课时间，从前面座位传来了一张皱巴巴的传单，单子上面写着JAL（日本航空）大学生留学奖学金，机票、食宿、学费全免。由于下了课众人一阵鸟兽散，我只好先把传单往包包里塞。后来回家整理书包时，大哥在一旁看到传单就说：“这么好的机会去试试啊！”我回说：“要跟全台湾的学生比，还要考英文耶，我哪有这么厉害？”哥哥说：“你输了有什么关系？半点损失也没有，就去试试啊，万一被你考上呢？”

我是日文系的，尽管英文也还不错，不过没有好到胜券在握。我分析了一下情势，这项比赛要先通过论文笔试，才能进入口试，于是自己先写了基本稿子，之后立刻找英文系同学帮忙，请他推荐英文好、人也好的老师，然后硬着头皮去请这位素未谋面的老师替我修改文章。

我在学校图书馆里找到了这位外籍英文老师，印象中他长得瘦瘦高高、戴了副金边眼镜。我仔细向老师说明了我需要什么样的协助后，那位老师立刻答应帮我看文章，并约好三天后在台北火车站旁的“邮政总局”门口交还给我。

永远记得三天后的那个晚上，滂沱大雨又大塞车，五六点的时候已经天色全黑。我站在街灯下，远远就看到老师，他没有带雨伞，就穿件黑色风衣，全身湿透地朝我跑过来，一边喘着气，一边从风衣口袋里捞出他全身上下唯一干燥的一个黄色牛皮纸袋。他说：“文章写得不错，该修改的地方也帮你改好了，加油……”我还来不及回应，急着赶公交车的老师又一溜烟地消失在大雨中。

如今回想起来，实在记不起来这位好老师的名字，而且除了脸上的金边眼镜，对于他的长相一点印象也没有，但是我永远感激他，以及在那个风雨夜晚他给的支持鼓励。我因着老师帮我修改过的文章，再闯过一次又一次的口试，最后竟然打败全台数以百计的学生，拿到第一届日本航空暑期赴日留学奖学金。那一年只录取四个学生，除了我之外，其他三个都是重点大学的男生。

那是一整个月的暑期奖学金，我们搭日本航空的飞机去日本，每天都住在相当贵的日本航空饭店，平日去赫赫有名的上智大学读书，不需支付任何住宿、学杂费，还有零花钱和交通费可领，周末再搭日本航空飞机去不同的城市home stay。一整个月下来，我认识了许多来自亚洲各地不同国家的同学，第二年我还一个人背着背包，飞去其中五个国家探望这些好朋友。

学生时代养成这种不放弃的精神，以及硬着头皮接受挑战的勇气，奠定了我日后职场上越挫越勇的基础。如果我当时扔掉了那张单子，就不会有这段特殊的经历，与开阔的眼界。这一切多亏听了老哥的那句话："失败有什么关系，就去试吧！"让我不怕尝试，勇敢踏出第一步。

02 新手应聘，连吃三次闭门羹

“你今天起不要来上班了！”我吓呆了，心想不行啊，这份工作是好不容易才得到的……最后蹑手蹑脚回到办公室，偷偷摸摸坐下继续干活，第二天还是乖乖再去上班，默默忏悔，等待下一个翻身的机会。

我习惯在生涯各阶段提前规划目标。大学毕业前，我做了“就业规划图”，首先是在中时、联合两大报上画叉叉，因为我自知刚出社会没经验，去两大报只能跑些旁门左道的路线，那不是我要的。

想去好的新闻媒体、跑好的新闻路线，秉持这样的想法和初生之犊不畏虎的精神，我居然就直接打电话到当时最红的《天下杂志》，请他们给个应聘机会。电话转到总机，对方挑明地说不可能录取应届毕业生，我死缠烂打好说歹说，还端出哥哥教我的“反正杂志社也不会有什么损失”的说辞，请他们让我试试。经不住我一再恳求，他们真的空出时段和会议室，把考卷丢在那里让我应考。

不记得考到多晚，只记得题目几乎都不会，不过至少知道了考试的范围和形式，所以我回家后马上把全部答案找出来，并一一背下来。没多久又看到正要成立的公共电视进行人员招考，心想新兴媒体或许会给新鲜人机会，二话不说立刻报名。还记得当时考场在成功高中，采用梅花式座位，避免考生左右偷看。果然不出所料，又是一个几乎都不会的考试，他们考的不是什么各政府首长、乡镇人文的信息，比较着与重工程相关的内容，与《天下杂志》考试的方向南辕北辙。

新鲜人，还没开始就出局

又没考上！没关系，至少电视、杂志都试过了。由于在校时赢过好几场演讲、朗诵、辩论赛，对自己的声音颇有自信，便决定试试广播。时值中广（即中广新闻网）招人，记得那场考试像小学生比赛一样，众人拿着号码牌排队，进场前十分钟每人发三篇文章，进录音室后随机点一篇抽考。

好不容易轮到我，主考官连眼皮都没抬，就制式地宣读："灯亮你就开始念！"我咽了咽口水，调高嗓音："各位听众午安，欢迎收听这节的中广新闻……"我都还没正式开始，主考官就说:“好了，谢谢！”

啥，我才说了一句啊？然后考官指指侧门，要我走回原来的队伍。原来，有晋级的人会再到另一个小房间复试；没有晋级的，就得从原本排队的人群中离开会场。

连着三次失败，回家后万念俱灰躺在床上。妈妈刚好回来，问我考试的情况，我全身无力胡乱地回答:“哎呀，不想活了啦！我拿出最有自信的声音，居然才念第一句就被刷掉。”结果妈妈的安慰方式很有趣，她说:“哎哟，说不定他们这次想要找台湾腔的主播，所以你才不合格啦！”母亲幽默又充满感染力的热情，让我听了之后又信心大增地吃喝了起来。

没多久我又得知成立不久的新创杂志《商业周刊》在征人，便决定硬着头皮再去试试。集结前面考试的经验，答题时总算比较上手。最后，皇天不负苦心人，菜鸟终于开始了人生的第一个工作。

当菜鸟记者遇上王永庆，靠老鸟解围

我记得刚进周刊工作时，大家各忙各的，没人有空理我，每天坐冷板凳。直到有一天，社长何飞鹏从他的办公室走出来往编辑部一站，眼看四下无人，只有我菜鸟一只，就把我叫进办公室说：“王永庆现在要在台塑开记者会，你知道他最近有个计划吧？”我说：“嗯，知道！那个……‘沧海’计划对吗？”他火气立刻上来，大声说：“搞什么，是‘海沧’计划！你现在马上就去，好好地给我采访回来。”我连计划名称是什么也搞不清楚，抓了笔记本就硬着头皮赴战场。

到达记者会现场，一片人山人海，全是资深媒体人与大咖记者，王永庆用闽南语讲着石化产业的丙乙烯、丙乙烷……而我根本听不懂闽南语，对石化产业更是一无所知，拼了命想抄笔记也没有办法，根本不知道他在说什么。我觉得心虚又无助，我这菜鸟记者的第一个采访对象，居然是王永庆，可是他说什么我完全听不懂！

老板急着想知道记者会内容，我只好冲回办公室。社长劈头就问我采访到什么，我发抖地交出采访稿，社长看了后瞪大眼睛、提高分贝说：“就这五张烂纸你也敢回来……”没经验的人生第一次采访，带回来的内容完全不能让长官满意，我紧张到肠胃都绞痛了起来。最后我想到可以请教前辈，一位黑黑胖胖、戴着眼镜、永远都坐在办公室抽烟写稿的黄鸿仁大哥。当晚我就恳求这位资深前辈指导，他点了一根烟，把记者会内容用普通话又解释了一遍，我才总算完成了人生的第一篇新闻稿。

挫折，从来不会让我打退堂鼓。日文系毕业的我，没有新闻工作经验，刚开始写新闻稿总是无法让老板满意，社长有时觉得稿子不好，会直接把稿纸丢在地上。我咬着牙绝不让自己在人前落泪，硬是把泪往肚子里吞，默默地把稿纸从地上捡起来，或从垃圾桶中翻出来，继续回去修改。

记得有一次社长指派我跟周刊创办人金惟纯先生一起搭飞机去高雄采访，我前晚赶稿晚睡，清晨的飞机七赶八赶还是迟到，到机场时创办人已经一个人飞走了。当下只好用身上仅有的铜板，打公用电话向社长报告，社长气得血压升高，破口大骂："你今天起不要来上班了！"我吓呆了，心想不行啊，这份工作是好不容易才得到的，怎能不去上班！一个人在机场左思右想，最后蹑手蹑脚回到办公室，偷偷摸摸坐下继续干活，第二天还是乖乖再去上班，默默忏悔，等待下一个翻身的机会。

明天不用来了！但我继续来

尽管困难重重，但是我努力、努力、再努力，不让任何事打倒！当时我负责科技路线，某次任务是必须访问到当红的联华电子董事长曹兴诚，而我只是不知名的小记者，当年的《商业周刊》也没现在这么有实力，随便打电话过去肯定吃闭门羹。于是我在心里盘算规划：究竟怎样才能顺利访问到曹兴诚本人，而不被拒绝呢？

我走进资料室，把曹兴诚近几年的采访报道全部调出来；当年没有像现在Google Search这么方便，计算机一敲所有数据都跑出来，我真的是整个人埋在报纸杂志堆里，一篇一篇地挖，才完成前期的准备工作。我事无巨细地把资料准备好，再画了个树形图，才敢打电话给他的秘书。

“树形图”有什么用途？譬如打电话约访时，秘书回答在与不在时，我分别要怎么回应；秘书如果问找他什么事，我要怎么回答；如果对方说什么事不行、什么事可以，分别要怎么接话；被拒绝时如何转换话题，不让电话轻易被挂断……任何状况都用树形图先模拟出来，才不会在情急之下说出不得体的话，或轻易被拒绝。

事前详细地收集资料，树形图式的仿真应对稿，对于我邀约、访问或是写作的前置作业，都有很大的帮助。即便现在谈公事，我也都会先模拟各种可能状况。我发现这一招对于面对全新的人、事、物相当有用，既能够消除紧张，经常也能让我使命必达。

回想那几年，访问的对象都是科技大佬，若没有万全准备，很难做好访问。离开周刊前我还曾独挑大梁，完成了许多独家封面故事，这一切主要都靠着万全的准备，才让我有机会接触到许多不轻易接受访问的对象，包括科技界、金融业、企业二代等成功人士，很多人的第一次受访我都有幸参与。

03 第一份工作，一定做满两年

坚持绝对不随便换工作；坚持不管遇到什么挫折都要爬起来；坚持每一份工作，一定要有个美好的结束，才有资格迎接更好的开始——这些坚持真的充满了意义。

加入《商业周刊》熬了快半年，历经无数次的被退稿、被拒绝、被忽视之后，总编辑总算看中我提案的“少年科技富豪”专题报道。这本来是当期周刊的一个单元，没想到原本规划好的封面故事因故无法推出，在“没有其他选择”之下，我的单元跃升为主角，成为 Cover Story（封面故事）。

刚毕业的小女生，要写出了不起的杂志封面故事，我整个人热血沸腾，心想这下只许成功不许失败。写得好才对得起江东父老。若写不好，杂志放在各大渠道，不只自己丢脸，也会害惨社内同仁。我带了些干粮和水壶，决定在办公室长期奋战，每天加班，务求准时交稿，让社长有修改的时间。

交稿前一晚，五六篇文章组成的封面故事，眼看就快要全部完成了，午夜三点，正当我把因为长期打字、蜷曲到像鸡爪的双手奋力张开时，突然听到咔嚓一声，整栋大楼停电！

因为热爱与责任，所以坚持

那个时代的计算机数据一定要存盘，不然一当机整个文档都会不见，我连续几天熬夜加班，小眼昏花、神志不清，什么也没存，停电的当下，加班一周努力来的三万字，就这样从眼前消失！

我急，真的急死了！我不怕停电，可是一想到社长拿不到稿子，头发灰白的他转过头来瞪着我开骂的画面，我就吓得一愣。没空流泪生气，知道哭也无济于事，于是不啰唆，马上拿起旁边充好电的笔记本电脑，在黑漆漆的办公室里，咬着牙重新把三万字一个一个敲回来，直到早上八点。

这份坚持的傻劲，其实不断在我的职场生涯中出现。在民视（即民间全民电视公司，是中国台湾地区第一家民营电视台，简称“民视”）工作时，公司为我规划出版人生的第一本书，当时每天七点播报晚间新闻，十点还有节目，我习惯节目结束之后，继续留在办公室里安静地写作。

记得有天晚上大约十一点多了，我一个人在办公室里振笔疾书，写到一半，突然听到警铃大作，我想大概是它坏了或测试吧，完全没有要理会的意思，继续写不停。之后又听到消防车鸣笛而来，至少聚集了五六部停在电视台楼下，但当时我正文思泉涌，不肯放弃地继续写，直到消防队员冲上十二楼办公室，我总算站起来，问说："请问究竟是哪里失火啊？"消防员分析失火地点在十四楼，准备要往上冲，可是我一听说距离有"两层之远"，便回答："那这样好不好，等一下快要烧到十二楼之前，请告诉我一声，我现在写稿写得正顺，不想离开座位，拜托喔！"

后来，重回到TVBS（即无线卫星电视台的简称，是中国台湾地区第一个卫星电视台）时，已经出到第三本书，我一样是利用下班之后写作，常常等不及卸妆，顶着主播大花脸，一下节目就开计算机把刚才有趣的访问化成文字。一次写到忘我，抬头突然看见同事，吓了一跳说："什么东西忘了回来拿吗？"

同事一脸惊讶地说："小姐，现在都什么时候了啊，早班同事已经来上班了啦！你写得也太认真了吧！"我往窗外一望，太阳已经出来了，学生戴着橘色的帽子正在过马路上学了。窗玻璃上反射出来的我，还是昨晚的大浓妆，而且已经糊成一团。

即使被挖角，也要对老东家心存感恩

从不停被丢稿子、被叫不要来上班，到停电也写稿、失火继续写，写到早班都来上班、小朋友都已经上学了……工作认真起来时，就是这样浑然忘我。

当时每次跟同学聚会，他们听到我工作时间比人长，经常没日没夜，薪水也没有比别人多，起薪一万八还要扣税，常常劝我赶快换工作。可是我一点也不想，反而告诉自己："换工作可以，可是绝不能因为做不下去，没有好表现而换！"而且工作多苦都没关系，只要能学到东西，一切都有代价。既然想学，三五个月只能学到皮毛，绝对不会挖到精髓。当时看很多同学遇到困难就换工作，太辛苦也换，最后换成习惯，永远觉得错的都是老板，累积了一张难看的履历，每份工作都熬不过一年半载。

不知是哪儿来的志气，我期许自己第一份工作一定要做满两年！觉得这样代表不管多难多累，都有克服困难的决心。当时还做梦：一定要做个"逆转胜"的新鲜人，让老板刮目相看，最好最后因为工作表现好被挖角，让老板"求"我不要走！

热爱工作，加上学习的动机，以及积极努力的心态，让我在商周做满两年之后，台湾第一家有线电视新闻网 TVBS

便派人来挖角，而且还是董事长邱复生亲自面试。那时候的TVBS总部在香港，新闻部只有四个人在台湾，而他们挖角的理由，正是因为看到我在《商业周刊》做了很多的封面故事及独家专访，总是挖掘出不同的新闻角度。

我对这份工作很心动，心想既可以延续财经方面的专长，还可以增加影像的学习。考虑一下，就回头向何社长报告："谢谢老板的支持与栽培，我决定要离开了。"结果，那位当初把我的稿子丢在地上、塞在垃圾桶里、在电话另一端吼着叫我明天不用再来上班的社长，吸了一口烟，狠狠地把它熄掉，淡淡地说："这样吧，你先把手上还没完成的、只有你可以完成的那些独家，全部写完再走。"

人情留一线，日后好相见

已经答应TVBS了，不能一天之后就爽约，但又不想对前老板这么绝情，撇下手边工作说走就走，这样太不厚道。况且我真的从社长身上学到好多东西，像是"现在不懂不肯问，像我这种年纪就再也不敢问了""写文章要掌握精髓，不重要的三十年一笔带过，重要的三十秒，值得花三十页去写"……何飞鹏社长有好多工作撇步、经典名句以及人生智慧，我常常调皮地想帮他出一本《何语录》，协助新进员工如何看他的表情、猜他的心情。总之，世界这么小，职场上左转右转都会碰到，“人情留一线，日后好相见”，一定要好好处理才能离开。

于是我鼓起勇气，跟邱董秘书约了再回去谈一次：“董事长，对不起，虽然这样讲了之后，你可能不会雇用我了，可是我还是觉得对前一份工作有责任，所以需要再花一两个月的时间，把手边的独家报道完成，让我的平面杂志生涯有一个完美的结束。”结果邱董不但没有发火，还很爽快地说：“没问题，不要有压力。你不但可以继续完成之前的工作，即日起TVBS这边也开始付半薪，你就慢慢做好，做完再来！”

我吓得不知所措，而且说不出话来，原本以为“厚道”可能让这份工作泡汤，没想到两位老板的智慧，让我既心甘情愿完成前面的工作，更愿意未来拼命为新公司努力。

就在那个当下，我真的觉得过去两年来所有吞下的泪水、所有的辛苦、所有的委屈，通通都不重要了。对工作的执着、认真，在那一刻，好像真的在头上散发出了光芒。坚持绝对不随便换工作；坚持不管遇到什么挫折都要爬起来；坚持每一份工作，一定要有个美好的结束，才有资格迎接更好的开始——这些坚持真的充满了意义。

04 “不会”，挡不住我“想会”的决心

团队中总是有些人“不想改变”，有些人觉得“不会成功”而中途收手，但我是绝不轻易放弃的人，总是朝着目标一直迈进转弯也好，慢一点也好，朝着目标，走到终点就对了。

完全没有媒体经验的我，侥幸地进入《商业周刊》，鼻青脸肿度过了两年，好不容易做出一点成绩被伯乐相中，结果是转换到无线电视台。过去累积的文字能力只能当基础，树形图式的约访技巧、通讯簿里密密麻麻的人脉电话只能当基本，一切从新学起：如何用画面说故事？如何关掉声音，还能靠影像让观众知道发生了什么事？以前大笔一挥三万字的封面故事，现在要如何用三分钟的视觉效果，说得清清楚楚？

“不会”从来挡不住我“想会”的决心，“没经验”从来都只是我突破创新的开始。我的专业是财经新闻，画面本来就比杀人放火的社会新闻单调，但是没关系，我随时从生活周遭寻找热门题材，经常下了班后和同事家人吃饭，边吃还

边听左右的客人在聊什么话题？最新的连续剧？最近最常被讨论的人物？不管任何题材，我都会绞尽脑汁把它切到财经的角度来报道，因此虽然一节一小时的新闻中，财经类报道总是被排到后半段，但我总能抓住重大新闻的财经观点，稿子常能挤进前面时段。

刚进电视圈时只有老三台（指中国台湾地区在20世纪六七十年代所创办的三家无线电视台），当时新闻画面转来转去总觉得好单调，没什么新意，后来发现每天早上中视会回放前一晚美国ABC的晚间新闻，画面取景很用心特别，让我非常震惊。再加上主播彼得·詹宁斯（Peter Jennings）实在好帅……于是我养成了每天早上固定看ABC新闻的习惯。

新闻当中财经类的画面最难呈现，由于台湾晚上刚好是美国股市开盘的时间，所以下班后我常准时坐在电视前，看美国CNBC财经台的节目，看他们如何分镜、如何用生动的图表解释最复杂的财务报表。

努力让自己更专业，创造工作价值

就这样，不管上班下班，我都全心投入“让自己更专业”的境界。TVBS时代也好，之后考上CNN进修也罢，回台湾后加入民视电视台更是火力全开。由于长期吸取国外媒体信息，于是打造不少岛内媒体创举：我是第一个尝试“站起来”播报的七点晚间新闻主播，这一点是从彼得·詹宁斯那里学来的！动态型的新闻站着播报，搭配合宜的解说或手势，穿插在静态播报中间，让一小时的新闻有着不同的层次。

在民视工作期间，当时新闻部主管石静文曾说：“雅淇很知道自己需要什么，也很懂得如何跟主管慢慢沟通。她本来跟我说要换把主播椅，后来变成换一片背景，经过不断尝试，最后竟然变成整个新闻棚因为她而重新设计，变成站立播报的始祖。当时虽然觉得好像被‘拗’了，可是因为效果实在太好，我其实被‘拗’得很开心！”

我也是第一个制作“网络互动新闻”的节目制作人，那时在民视，七点要播晚间新闻，晚上十点还有自己制作、主持的 live 节目，每天下午不但要准备晚间新闻的稿子，还要决定现场节目的题目、敲定来宾，以及当晚节目中的所有问题。我虽然不以为苦，但常会担心准备时间不够，问不出更专业的问题。而每晚看 CNBC（CNBC 为美国 NBC 环球集团所持有的全球性财经有线电视卫星新闻台，是全球财经媒体中公认的佼佼者）给了我解决问题的灵感，他们总在简单的画面上，跑着最新的实时讯息，以辅助正在播报中的新闻。于是我找了电视台的工程师，告诉他们：我想让观众一边看节目，一边把想问的问题 key in（即输入）进来，呈现在电视屏幕上！

那是十六年前的事了！当时既没有 Facebook，更没有什么 iPhone、iPad，新闻都是单面向的宣告式播报，没有“互动”这回事。信息部主管和同事花了两个月写程序、测试，希望能让观众的实时问题呈现在屏幕上，说明观众解决疑惑，也协助我做更深度的访问。

永远记得节目上线后，观众反映出奇地好，原本担心没人发问的情形并没有出现。我为了强打“网络互动”的特色，特地请了几位重量级来宾登场，希望能提高收视率。某天，我请到当时转行网络事业的陈文茜来到节目，访问进行到一半，实时问题如雪片般涌入，好几题应该是她的同事或是员工传来的，传送的内容是：你在电视上这样说，可是今天中午在办公室的时候不是这样；你刚刚这样回答，但明明当时你讲的是……我望着这些问题，在现场愣了几秒，心想：这么真实的问题，到底是该问还是不该问？当时是 1998 年，我的节目可算是多画面、实时消息呈现的始祖。

我进入电视圈的第一个好友，是当时TVBS当红主播詹庆龄（现在担任旺旺中时新媒体事业群执行总监），回顾共事期间，她这么形容：“雅淇行动力十足而且非常勇敢，当我们还在学做新闻，她已经早一步开始制作节目；当我们去学做节目，她又早一步踏入网络互动的领域。总是懂得抓住时代脉动，是我最佩服她的地方。”

对新闻疯狂，时刻备战

这些突破在事后看起来很容易，但执行的过程其实困难重重，因为都是“第一次”：团队中总是有些人“不想改变”，有些人觉得“不会成功”而中途撒手，但我是绝不轻易放弃的人，总是朝着目标一直迈进，转弯也好，慢一点也好，朝着目标，走到终点就对了。

早上看ABC，下班紧盯CNBC，三餐吃饭时间忙着听别桌的话题，就算在消夜时分也不放过任何机会，还曾经因此抓住人生重大契机！

结婚前我老家在天母，忙完一天之后，最奢侈的时光就是坐在厨房里嗑盐酥鸡、看报纸。一晚享受完美味炸鸡，正要把丢满鸡骨头的报纸往垃圾桶里扔的时候，我突然看到邮票大小的一个小广告，上面写着："全球科技大会"即将在台举行！

不顾满手油渍，把揉皱了的报纸再次摊开，我看到像是微软总裁比尔·盖茨（Bill Gates）、惠普总裁同时也是当时全球最红的女企业家卡莉·菲奥莉娜（Carly Fiorina）、思科总裁约翰·钱伯斯（John Chambers）等二十九位当时全球最知名的CEO都会聚集在台北。

我专跑财经与科技路线，看到这些世界级百大上市公司，而且是当时全球最赚钱、最热门的企业总裁要聚集在台北，简直是血脉贲张，恨不得立刻就能访问到这些企业家，做成连续一个礼拜的专访放在十点的节目上，再剪辑成三分钟的新闻在每个整点播放，分享他们的成功故事、经营的门道、赚钱的诀窍给台湾观众。

记得那一个晚上我几乎睡不着觉，不断想着第二天该去哪里问主办单位是谁？要不要他们飞来台北之前就先去抢独家？来的时候要问什么问题？可以做成什么样的节目？

对新闻的拼命与疯狂，真的让我在努力了三个月之后，取得了这些企业家来台湾的独家专访权，主办单位的负责人说："雅淇，当全台湾还没有半个人注意到这件事的时候，你是第一个跑来要新闻的人，中间尽管困难重重，我从来没有看你想要放弃过！”于是2000年全球科技大会，我不但抢到了无数独家，吸引全亚洲媒体聚集的“全球科技之夜”晚会，也是由我以英文全程主持。

随时处于备战状态，“不会”挡不住我“想会”的拼劲，最终让我生病了。曾经连续一两个月，每天只睡两小时，更夸张的是：我并不觉得累！因为随时吸收新知、中午主持广播节目、下午主持记者会、七点播晚间新闻、十点做现场节目、下班后继续写书，让我精力无穷，越做越带劲。

可是身体告诉我这样下去不行，拖了几个月后，勉强去看了医生，医生说这是“躁郁症”的一种，简单地说，就是工作得太嗨了，嗨到不眠不休，床头也永远放着纸笔，因为我常半夜两三点做梦，梦到要采访的问题、可以做节目的主题……当年是靠着药物，短暂解决了身心状况，但直到婚后才调整了生活状态。

05 不要说，我不能；告诉自己，我可以

光是紧张自卑没有用，想办法不紧张、不自卑才是重点，所以每天上班，我都边工作，边“偷听”四周同事在聊些什么、使用什么单词，然后拿一本笔记本全部记下来……

工作太嗨造成躁郁症的问题，靠着配合医嘱很快获得解决，可是我有一个一辈子治不好的毛病，就是事事要求完美！这种病让我工作不眠不休，常常老板还没要求看到表现，我就想要赶紧把成绩摊给老板过目，而要达到这样的境界，就是逼自己“求快也求好”，逼到后来我经常心悸、胃痛、睡不着。往好处想，毕业短短四年的时间，二十五岁就跻身百万年薪行列，成为黄金时段最年轻的主播，甚至成为电视台最年轻的主管。同单位的同事个个年纪比我大、资历比我深，虽然大家没嫌弃，我也够努力，但是心里总有不踏实的感觉，生怕哪一天会好运用尽。

“再进修”“好还要更好”……的声音一直在我耳边响起，二十五岁那年，我牙一咬，告诉自己：如果这个年纪就沉溺于这样的成就，那我三十五岁、四十五岁的时候怎么办？就自满于这一丁点的成就吗？还是可以把自己全部放空，再次大量吸收学习，好迎接下一个十年、二十年？

对的事，找对的人

这时心底出现一个疯狂的声音：既然我有财经专业，就应该有华尔街工作的经验；既然是从事电视新闻工作，就应该去世界新闻的殿堂 CNN 看看；最好还有个影像相关学位，以弥补我大学念文科的不足。

我是那种敢做梦，而且会拼了命去圆梦的人，过去没有经验没有关系，“只要不怕困难，就有成功的机会”。我绝不会告诉自己我不能，而是不断鼓励自己“可以”，就是要想办法“成事”就对了！

我把我的梦想告诉家人，也告诉我认识的金融圈长辈，因为相信他们是能指导我圆梦的人。后来二哥告诉我：“有些台湾的银行在美国也有分公司，或是互相合作的金融单位，从这里下手比较有机会。”印象非常深刻，当时我在 TVBS

的办公桌上，把收集来的所有银行年报一本一本翻开，看看谁有这样的合作单位，打算找到之后，再一通一通电话打去试试。我没有半点把握，心情又像回到当初求职时期，明知对方绝对不会用我，也绝不放弃给自己一个机会。

感谢老天爷，我先是问了对的人，有了对的方向，再加上不怕麻烦地找了一大堆对的资料，终于得到了一丝希望：听说富邦银行在纽约有合作的金融单位Cathy Asset Management Company。记得当时带着愉悦又兴奋的心，举起紧张又发抖的手，按下一个一个号码，硬着头皮，逼自己打给当时富邦银行主管，冒着一定会被拒绝的决心，也要给自己一个机会试试。

“没问题啊！可以可以，我马上请秘书帮你安排！”紧张了三个月，白日梦做了一百天，当对方豪爽地答应时，我真的很想要放鞭炮，那是种美梦成真，不可置信，但又有些苦尽甘来的感觉。我确定可以成行后，立刻向公司请辞，离职的理由是：装备更好的自己，之后一定回来报效公司！

字典里没有“放弃”两个字

我根据公司规定，递出辞呈后三十天期满才离开。同一时间住在纽约的朋友告诉我，纽约大学（*New York University*，简称*NYU*）长期开设电影影像学的课程供在职人员进修，我是听到有机会就绝不轻易放过的“捕梦高手”，于是立刻展开调查，了解哪些课程符合我的需要、开课时间、入学资格等等，最后发现Film Language（电影语言）课程——就算把电视声音关闭，也能够透过画面，了解影像所述说的故事内容——非常符合想要在影像工作上更精进的我。

准备好实习机会，填写好学校申请表格，从来没有在国外工作过的我，拎了两只皮箱，怀着兴奋的心情，飞到了纽约，展开全然陌生的人生旅程。

纽约台北日夜颠倒，时差超过十二小时，抵达后三天内，我就开始上班，新环境的不适应、时差调不过来，再加上在全老外的环境上班。担心害怕又紧张，一天早上搭地铁，从新泽西去曼哈顿上班的途中，我终于支撑不住，眼前一片漆黑、全身冒冷汗、眼冒金星，眼看着随时都要昏倒在地铁上。突然我的意志力告诉我：一定要撑住啊！你的身份证明还没办好，身上没有任何身份文件，如果现在昏倒，明天早上《世界日报》可能会有邮票大小、“无名女尸待认领”的社会新闻，这太不优雅、太没有美感了，一定要咬紧牙关，绝对不可以昏倒。

一个二十五岁的女子，孤零零地带着梦想来纽约圆梦，咬着牙也要把自己打醒、撑住，不准自己倒下来，虽然坚定的意志力已经让身体快要承受不住，但我绝不轻言放弃。可是，只身作战哪有这么简单？没隔两天，许多人到美国都会遇上的过敏“花粉热”便发生在我身上，每天大把大把的眼泪，黄鼻涕“滚滚而来”，一天一整盒面纸是基本配备，我常眼睛睁不开，鼻子四周因为摩擦过度而破皮流血。尽管如此，我的耳朵还是像雷达一样随时打开，四处侦测可以让我英文进步的只言片语。

尽管高中时得过全台湾英文演讲比赛亚军，大学又打败群雄考上日本航空奖学金，用英文与全亚洲得奖学生到日本上课一阵子，但我毕竟从来没有在美国生活过，也没有海外工作的经验，因此英文不够好的紧张与自卑，还是困扰着我。

光是紧张自卑没有用，想办法不紧张、不自卑才是重点。所以每天上班，我都边工作，边“偷听”四周同事在聊些什么、使用什么单词，然后拿一本笔记本全部记下来。以前财经新闻天天会用到的“股票分红”“配股配息”“获利了结”……变成英文怎么全部不懂了？没关系，不懂的就查字典，不熟的就每天反复背诵，念到记熟为止。记得某天过敏到最高点，眼睛睁不开、鼻子不能呼吸的时候，办公室整栋大楼刚好停电，我的耳朵清楚地听到金发帅哥老外说：“We lost the power!”我摸黑掏出笔记本，眼睛半开半闭，歪歪斜斜地用铅笔记下片语，从此再也不忘记老外如何说“停电”的字句。

财经英文、生活英文之外，我还拼了命想要把“菜单”给搞懂，所以不管吃意大利菜、法国大餐，还是唐人街小吃，总是先把所有菜名的英文搞清楚，我才肯叫菜，搞到后来，不少朋友都懒得理我，他们靠朋友帮忙用英文先点先吃，留我一人苦苦抄笔记、翻字典、问东问西……但是三个月后，请人帮忙的继续依靠别人，但我已经搞懂各路菜色的所有菜名。求知欲强烈与偏执到这种地步，现在想想，也真是服了自己！

06 不要怕，只要做

我放弃眼前自以为是的高薪、高职务，放空自己到人生地不熟的环境取经，历经几次昏倒，长达两个月的过敏，每一天的紧张，无数夜晚的孤独，最后活出自己意想不到的人生，完成华尔街实习、纽约读书、CNN受训的梦想。

放下在台湾看似高薪、高职位的现状，一个人跑到美国，一方面圆梦、开眼界，另一方面更想要充实自己，学新的东西。当时我心底还有个小小的心愿：如果有机会可以去世界级的新闻殿堂充电，那更是人生一大满足。拎着行李只身去纽约实习，实习结束后申请到纽约大学念“电影语言”学分，那段时间我脑袋从未停过思考，想要进行下一件人生大事：去CNN受训或实习。

从小立志从事新闻工作的我，总觉得亚特兰大的CNN总部，就是新闻记者的终极殿堂。我当时完全不知道CNN长什么样子？谁才可以去？总之就觉得它举世闻名，能够进去工作的都很了不起。我实际从事新闻工作快五年，认识不少优秀的记者，但是放眼望去，周遭几乎没有任何人有这样的经历，我心想，“别人不行，并不代表我不可以”，没有经验，放手去尝试就可以换取经验，就算失败也不丢脸！

努力，至少不会错过成功的机会

再一次，我展开调查发问的功力。记得是从一位优秀的新闻工作者口中，得知 CNN“可能”可以实习，这一点点的希望，马上点燃我无比的动力，不管三七二十一，写了一封自我推荐信，把过去在《商业周刊》和 TVBS 担任主管、制作节目等等各种经历通通写上去，最后注明：希望能到 CNN 实习或工读。我慎重地把信放进信封，封面写上 CNN 亚特兰大总部的地址，就这样把信寄了过去。

时间一周一周过去，寄出的信石沉大海，没有半点回音。其实一点也不意外，我是来自小地方、小年纪的一位小记者，而且只写上总部大楼的地址就寄出，也不知道该寄到哪个确切的单位、哪个确切的收信对象。我不敢抱任何期望，只告诉自己：我努力过了，而非只坐在那边空想。

一个月之后，我收到封面印有 CNN 标记的信封，当下欣喜若狂，不敢相信真的得到回音。我颤抖着手，还把封口撕得像狗啃一样，心想：CNN 啊！ CNN 寄来的信哪！

拿出信纸，还来不及看全部内容，我就瞄到了 Sorry 这个字。不意外，一点也不意外，怀着落寞的心情，我继续读下去，上面写着：对不起，我们看过您的来信，实在无法让您在此工读，因为您的资历太丰富，因此我们建议您直接报考 CNN 年度世界报道（*World Report*）供稿员（*Contributor*），一旦考试通过，将免费提供您到亚特兰大总部住宿及培训的机会，结业后还能成为 CNN 派驻当地的供稿者，继续为 CNN 服务。

不要怕，只要信

一辈子的梦想，化成信里的三行文字，我不敢相信我的行动力又一次让梦想变为可能。

我继续抖着手，非常仔细地填写所有申请表格；找了在纽约的贵人，帮我看论文、修校论文……两个月之后，我收到录取通知。全球一年只收十二名，1996 年合格的只有十位，我和其他来自德国、乌干达、塞浦路斯、土耳其、墨西哥、科威特、新加坡等国的新闻工作者，从世界各地飞到亚特兰大总部，展开为期两周的训练课程，每天在CNN总部各个新闻室受训，跟记者一起外出跑新闻，剪辑新闻影片，听来自这些奇特国家的记者描述当地的新闻环境，晚上有的时候还能跟电视上每天看得到的CNN红牌主播一起吃晚餐，两周后的结业晚会上，我还跟新闻界的“天王”CNN总裁特德·特纳（Ted Turner）合照留念。

我放弃眼前自以为是的高薪、高职务，放空自己到人生地不熟的环境取经，历经几次昏倒，长达两个月的过敏，每一天的紧张，无数夜晚的孤独，最后活出自己意想不到的人生，完成华尔街实习、纽约读书、CNN受训的梦想，在返回台湾前还跟高中同学当“背包客”，用最节省的经费，去欧洲自助旅行一个月。

我常常想，如果人生临终前真的会像蒙太奇电影一样，所有记忆深刻的画面快速穿越眼前，这段美国独立生活、工作、实习的经验，绝对是我一生最值得回忆的片段。不但完成许多梦想，更为下一阶段的新闻工作，奠定更扎实的基础，打造更坚固的磐石。

书里有句话说：“不要怕，只要信。”我的座右铭是，对的事情，“不要怕，只要做”！

CHAPTER 2

要创业，没经验：一切从不会开始

我和先生，两个完全没经营过零售业的新手，一脚跨入苹果代理的领域。就因为没经验，所有经营模式完全跳出过去的思维：店开在最贵地段、最显眼的街边，就在国际精品的正对面，笑掉行家大牙；订定“上架费、上钩费”制度，独特手法连韩国同行也跟进；“靠分享创造成交”，反而缔造出亮眼业绩，让消费者花了钱还拼命向我们致谢，之后又介绍亲朋好友回笼；靠着“可以骨折，不能打折”的坚持，断绝无限困扰；开幕初期因为资金有限，甚至从不花钱打广告，靠着创造“多角度话题”强势进攻媒体，版面从3C横跨财经、时尚、娱乐、名人等各大版面，省下数千万营销费用。

原本我俩最担心的弱点，最后却成为出奇制胜、翻转市场，甚至改变同行游戏规则的关键。

07 打破观念：计算机卖场开在香奈儿对面

我和先生站在正在装修的店门口，共同为这家店取名 STUDIO A，而我拿出新闻工作者的专业，还为它下了一个“时尚科技”的标题，放在新闻稿上，准备向台湾市场宣告：全台最大苹果体验店，即将在信义计划区开张。

新闻工作期间，靠着最基本的三招：虚心发问、不怕失败、越挫越勇的毅力，从小记者成为七点晚间新闻主播，从制作人爬上电视台执行副总职务，涉猎的范围从平面横跨影像、出版、广播、网络等等。新闻生涯的最后一个职务，是老板要我担任电视台“总编辑”一职——新闻从业人员的最高荣誉与终极目标。可是我居然毫不考虑地报告老板：“真的感谢长官赏识与多年来的照顾，可是，我要去结婚了！”

什么阶段专心做什么事，是我对自己的期许。单身的时候可以不眠不休、彻夜写稿、经常出差，甚至三过家门而不入，可是一旦结了婚、做了妈妈，我知道自己无法兼顾工作与家庭，而我又认为必须照顾家庭、陪伴孩子，才能做好妻子、母亲、媳妇、女儿等多种角色。因此一决定结婚，我就请辞了如日中天的新闻工作，成为人妻人母之后，也整整六年没有上班。一直到先生关恒君（Steven）的韩国好友，同时也是在韩国经营苹果渠道的长辈，鼓励我们在台湾开创苹果事业，我才在先生的支持鼓励之下，重新返回职场。

记得刚认识老公的时候，他经常从“制造业”的角度分析我的工作：一个人，同一个时段，只能在一个地方，领取一份收入，经济规模小，不能大量复制，太辛苦啦！隔行如隔山，他会这么认为，实在是因为当时他从事IC（Integrated Circuit，集成电路）设计业，习惯看到设计出来的产品被大量制造使用；可是结婚几年后，他也观察到这个产业的毛利越来越差，前景越来越不乐观。就在此时，先生最好的朋友，已经在韩国经营苹果渠道长达五年之久的长辈Deasoo Kuo，中文名高大守，建议他跨足零售业，押宝前景看好的“苹果”品牌，开设等级最高的APR（即苹果优质授权经销商，是苹果店里等级最高、地位仅次于直营店的零售门店）“苹果体验店”。

高大守回忆起那段过程，跟我说："Steven 是我见过最聪明的企业家，认识这么多年来，做事从不拖泥带水或三心二意，所以我分析苹果事业的优缺点给他之后，他很快就决定投入，抢下了第一波商机。"

当时苹果总部派来亚洲区管理韩国和中国台湾市场的主管是同一人，透过高大守牵线，并且表态直接参与投资与协助，再加上我们提出"在黄金地段，开设台湾最大坪数苹果体验店"的承诺，这在当时是没有任何人愿意做的投资，于是三方一拍即合。我和先生，一个过去做媒体，一个做 IC 设计，两个完全没有渠道经验的人，就此展开了跌跌撞撞的全新人生！

逆向操作，是基于准确的思考

第一家 STUDIO A 开在台北信义计划区的纽约纽约，2007 年时，没有人会想在这种地方开一百坪（坪：中国台湾地区常用的建筑面积单位，1 坪 =3.30378 平方米）的计算机卖场。当时计算机商家都聚集在光华商场，一层楼好几家店，每家店都挤在三至五坪大小的空间里，主要服务项目是帮客人组装电脑，没什么品牌观念，打的都是价格战。

苹果计算机外形抢眼，单价较高，尽管软件系统操作容易，但是跟台湾人习惯的Windows系统不同，所以当时在台湾市占率极低，大约只占整体PC市场的2%吧！而且那时候没有iPad、iPhone等主力商品，就只有计算机和iPod，再加上我们是最晚进入这块市场的，既不是工程师也不是计算机高手，跟过去印象中经营计算机事业的人完全不一样，因此所有同行都觉得我们太可笑了，居然敢把第一家店开在信义计划区，店租一个月逼近百万，而且就在国际名牌CHANEL和GUCCI正对面。

我是从DOS时代开始学计算机的，如果记忆没错，当时开机还要自己先写程式，每操作一项指令还要再背其他的程序，非常复杂难懂。当时计算机启动后还会有轰隆轰隆的马达声，总觉得好像火车要来了，非常恼人可怕。2007年时Windows是主流，操作已经比以前简单许多，可是对我来说仍然不够。印象最深刻的，就是前面提到在周刊工作写稿，来不及存盘就停电，三万字的封面故事付诸流水，最后只好全部重来。

接触苹果计算机之后，我发现它随时自动存盘，任何图像与文字的结合只要用“拖、拉、放”三个步骤就可以解决，操作非常方便，而且处理照片、音乐，甚至自己剪接电影，都比微软系统容易，再加上苹果的外形实在太美了，所以我坚信，喜欢苹果且愿意抛弃 Windows 系统，心甘情愿以高单价拥有它的客户群，绝对不会是走进光华商场的同一族群。

看好苹果前景，对产品质量充满信心，又有伙伴答应投资，甚至派韩国团队辅佐，再加上亚洲区主管承诺全力协助，先生认为我们失败的概率低，成功的机会大，于是便跟合作伙伴共同出资 1000 万（新台币，约合 207.7 万人民币），成立了晶实科技。我和先生站在当时正在装修的店门口，共同为这家店取名 STUDIO A，而我拿出新闻工作者的专业，还为它下了一个“时尚科技”的标题，放在新闻稿上，准备向台湾市场宣告：全台最大苹果体验店，即将在信义计划区开张。

做事，没有“随便”的空间

和国际级大公司合作，与过去“爱怎么做，就怎么做”是非常不一样的。记得开店前，美国总部寄来了两三本 A4 大小、字典般厚的“天书”，详细记载各种合作细节、开店规范等等。我们是全台湾第一家"APR"，所谓优质经销商的定义，一定要有超过二十五坪（约为83平方米）的店面，而且开在精华地段，形象与内部装潢全部要符合苹果要求。在那之前，台湾顶多就是AR（Apple Reseller），也就是一般的经销商，规定也不严格，所以很多人没什么印象。但就Premium一字的差别，把开店难度提升到最高点。

举个例子来说，那时光是门口招牌就改了五六次，包括：苹果Logo的尺寸和正方形外框的大小，以及黑色底要多黑？白苹果的白要多白？STUDIO A店名的字形跟白苹果的比例，没有一丝一毫可以马虎。我美术能力不佳，实在看不出来有什么差别，不懂为什么苹果要如此吹毛求疵。可是完工之后发现，遵照苹果要求修改后的招牌，不管白天黑夜都极为显眼，车子开过来能够看到的距离，或者车子开过去能够看到的角度，都完美极了，而且字体、比例、色调……不管多久都百看不厌！国际级大公司注重细节，不求短暂快速而急就章，但求长久经营的细节，真的是没有一丁点"随便"的空间。

08 抛开习俗，坐月子也在拼工作

绑着像木乃伊一样的束腹带，一方面托住刚手术生产完的伤口，一方面希望能借此赶快恢复身材；上半身穿着随时可以哺乳的月子服，好随时响应新生宝贝的需求——我就这样坐在月子房的计算机前，处理大堆文件。

与国外大公司合作不能随便，设定好的方向不能改变，谈好装潢完成后的开店时间，更是完全不能变动，因为苹果亚洲总经理与各大主管都要飞来台湾，时间早早敲定。可是偏偏当时我怀孕且已接近预产期，不知道什么时候会生。无论如何，我也只能配合，而配合的结果就是：5 月 2 号生下我们家弟弟，两个礼拜后，我就要出席开幕记者会，也就是说，月子只能坐两个礼拜。

开幕计划是召开两场记者会，下午一场供媒体采访，晚上一场名人派对。我怀孕期间胖了 17 公斤，很苦恼如何在两周内瘦下来出席活动，而坐月子对女性来说，关系到健康的恢复与元气的补足。我想兼顾身体，可是公司一大堆事情又不能放着不管，于是就出现一副想来好笑的画面：我时时绑着像木乃伊一样的束腹带，一方面托住刚手术生产完的伤口，一方面希望能借此赶快恢复身材；上半身穿着随时可以哺乳的月子服，好随时响应新生宝贝的需求——我就这样坐在月子房的计算机前，处理大堆文件。

生产完一周元气稍微恢复，我变本加厉，直接请公司同事杀到月子中心开会。记得月子中心有一个会客室，是让亲友来看产妇的空间，可是每天下午两点就会被公司同事占满，还因为怕打搅别人，最后干脆整个会客室关起门来，一秒变会议室！传统习俗说坐月子不能久坐，否则腰会不好；不能看计算机否则眼睛会疲劳；不能劳累否则元气无法恢复……这些禁忌通通被抛到一边，只顾往前冲！

万事俱备才出发

记者会当天我坐在梳妆台前，突然感觉好陌生。

以前当主播时，每个月都要拍宣传照，每天都要化妆做造型，婚后为了孩子完全退出主播台，整整六年的时间，两千多个日夜，不再面对镜头，不必天天抹粉，洗净铅华专心做家庭主妇。但是为了STUDIO A，这一天，我得用力吸住刚生产完还肥肥的肚子，坐上曾经非常熟悉的化妆台；这一天，早晚各一场记者会，要向所有媒体宣布，全台湾第一家苹果优质经销商正式开幕了。

永远记得那阵子，现在已经回到天家的造型师好朋友黄淑琦，以及和她合作婚纱事业的贾永婕，经常一起到月子中心看我，三个女人七嘴八舌地讨论刚生产完两周的“产妇”，究竟该怎么穿才能藏拙？六年没有面对媒体，首次出现居然是在这样的“肥常时期”，刚刚生产完又荷尔蒙失调，我心里其实非常焦虑。

当天下午三点是产业媒体记者会，所有电视台、报纸杂志的财经线记者几乎全员到齐，我和先生，一遍又一遍重复着苹果产品的优秀性能、STUDIO A“时尚科技”的特殊定位、强调店内超过两千种周边商品的多样性……因为自己是门外汉，担心别人无法了解我们的特殊性，我还以国外百货公司实行的“私人购物专员”（Personal Shopper）的制度，来形容我们独家提供的采购咨询服务；用健身房的“私人教练”（Personal Trainer），形容买完计算机后若是不会使用，我们能提供的教育训练服务，诸如此类。当时我堆着笑脸回答各式各样的问题，但其实踩着三吋高跟鞋的我，早已感觉腰快要断掉了！

下午记者会结束，完全没有休息时间，马上得准备当天晚上另一场时尚名人 Party。大概六点半要出门的时候，我瞄了一眼晚间新闻，发现好多家电视台都把这场开幕记者会当成新闻 Teaser（快报，也就是一小时新闻的最开头，总编辑会挑四、五条最重要的消息，浓缩在一分钟的重要预告当中）。几乎所有电视台的跑马灯，都在跑这条新闻；几家媒体甚至没有搞清楚状况，直接下标题："前名主播蒋雅淇，担任苹果首席执行官！"我昏着头，痛着腰，心想：苹果首席执行官？那不是乔布斯吗？我是 STUDIO A 首席执行官啦！

媒体曝光统统搞定

记者会的成功，吸引了更多媒体来采访当晚的名人聚会。印象非常深刻，傍晚七点多抵达店门口，踏下车子那个瞬间，我看到有十几台 SNG 摄影机，多台现场转播车，我们邀请的企业界好友、名人也几乎全员到齐。从当天的晚间新闻、夜间新闻，到第二天所有报纸、电子报、网络新闻、一周后的周刊、一个月后的月刊，媒体曝光率堪称"全垒打"。

一个在国外早就响当当的品牌，来台湾以最高规格形式开店，坐落在同行从来不敢碰触的地段，团队规划了全台湾最多选择的周边产品，IC 设计上市公司董事长跨足零售业，再加上六年不见的名主播，产后两周窈窕现身，而且是出现在全新的行业，多角度话题，成功打响了 STUDIO A 在台第一炮！

09 靠“分享”创造成交

积极地分享，帮你就帮到底的热忱，获得许多消费者的认同。当时我还常听到不认识的人说：我超后悔在××那里买计算机的！成交后再也不理我，有问题也爱答不答的，你们服务超棒，以后我都要来这里买！

营销宣传的成功，只是让大家“知道”STUDIO A 的出现，开幕前几个月尽管店里永远满满的人潮，我们甚至在自动门两侧装上计数器，清楚掌握平日、假日、各个时段的来客数。问题是看的人多，买的人少；来问问题的人多，实际交易量小。大家抢着来“朝圣”这家媲美国外 Apple Store 的百坪大店，可是又狠不下心把家里的计算机换成苹果产品，“叫好不叫座”成为我们开幕初期最大的痛。

记得当时我和先生周末常去华纳威秀看晚场电影，散场后走路回家，经过纽约纽约的百坪大店，我们隔着玻璃，看着那颗又白、又亮、缺了个口的大苹果，发呆几分钟，然后不约而同小声地说："如果生意继续这样……就关了吧！"

向市场借鉴，灵活运用策略

然而，"越挫越勇"是我们夫妻俩的共同特质，我们不停找寻可以提升业绩的方法。像是开幕之初，就喊出"两千种周边商品任君挑选"的口号。大量增加高质量的相关商品，可以让无法第一时间下定决心换计算机的消费者，还是可以找到可爱有趣的新鲜货，促进小额消费，同时养成"买周边，一定要到 STUDIO A"的习惯。

当时担任纽约纽约店店长的海伦是从其他同业跳槽过来的，她深有所感地说："以前的公司只要毛利给的高、条件够诱人，不管质量如何，就会让产品上架。可是 STUDIO A 不一样，不只要求种类要多，而且不管多小的商品，每一件都要经过店长会议的团队测试，真正好用才上架，把质量看得比利润还重要。"

周边产品多了，我们再推出"以一搭三"的口号包套销售。因为凡是有苹果商标的产品，毛利实在太少，不足以养活公司，因此我们期望每位销售同仁在卖出计算机的同时，至少搭配三样周边产品，好比说延长保固的 AppleCare、款式多样的计算机包、键盘膜、清洁组等等，一方面提高客单价，一方面协助客人有更完整的搭配。

产品选择多，的确可以延长消费者停留在店内的时间，可是如果还是没有成交，百万黄金店面充其量也不过是这些商品的展示架，无法创造效益。我的老公，也就是公司同仁大家口中的“关先生”，最擅长吃个面摊也要观察人家一天的大概收入多少？翻桌率？可能的营运成本？以及实际营收。他连去便利商店买个饮料也会思考：这么多商品，怎么决定谁放前台？谁摆角落？从未经营过零售渠道经验的他，后来听说有些便利店产品摆放的位置，都必须付出不同的上架费，立刻引用到计算机渠道上。

热情投入，与众不同

当时苹果渠道的内部设计及产品摆设方法，没有像现在这么严格，渠道商有些许调整的空间，于是关先生就设计了灯箱，灯箱下有完整的柜位，柜位内有整齐的挂钩，不同的品牌可以承租灯箱，放上品牌 Logo，或是租柜位自行摆放商品，能见度越高的，价格越贵。

从便利店学来的“上架费”制度，受到周边厂商极大的欢迎，他们认为这么做既能凸显品牌，更可以展现商品的整体性，不像在其他商家，必须跟别人的商品挤在杂乱的空间里，因此乐意每个月抢租能见度高的柜位，晚来的还必须轮流排队。而这样的创举，不但立刻提升了我们每个月的净收入，更有效分摊精华地段黄金店面的房租，减轻了我们沉重的负担与压力。

产品系列不足的厂商，无法自成一柜，在不断要求下，后来还推出所谓的“上钩费”制度，让每个挂产品的钩子，都有它的价值。韩国合伙人高大守形容这项制度“非常灵活”，他在韩国经营苹果销售渠道五六年了，都没有想到这种“皆大欢喜”的方法，回国后立刻全面引进，导入韩国当地叫 A Shop 的所有店面。

这些制度，老实说对手都可快速复制，但真正让我们跟别人与众不同，而且学不来的，应该是拥有一群非常热情的同仁，以及“靠分享创造成交”的傻劲。

当时使用苹果计算机的还是小众，为了让更多人了解它的强大威力，我们鼓励客人“不买没关系”，欢迎大家尽量动手“体验”产品；公司评估销售同仁的方式不只有业绩，还包括 Demo（是 demonstration 的缩写，意为“示范”“展示”）次数；我们也会挑人潮多的时段，在店内免费开课，不放过任何让人认识它的机会。

了解需求，换来顾客认同

举例来说，我习惯随手拍照帮孩子留下成长记忆，可是照片这么多，没有好好整理该怎么办？苹果计算机正好拥有可以制作月历、相簿、卡片的 iPhoto 软件。原本下班后随手制作一百页的“宝宝成长相簿”是我疏解压力的方式，而当其他妈妈发现我居然能把乱七八糟的照片，分门别类整理成专题相簿后，都惊为天人，纷纷要求我教她们如何制作，于是我便开了一堂 iPhoto 的照片编辑课程。

记得第一次亲自开课，从相片上传、按时间分类，到挑照片制作相簿，加文字、图说、套色……最后汇出印成精装版专辑。一个小时内，把以前新闻工作最擅长的“将复杂内容，在最短时间，用最简单的方式叙述”这项技巧发挥到极致。记得第一堂课总共有十位学员参加，我讲课，团队从旁指导协助，这十个人课后“抢着”买了十一台计算机，当场成交！

或许是因为我的说明简单易懂，也或许因为我的分享，切中新手妈妈的需要：大家都喜欢为孩子拍照，更想为生活留下美好记忆，后来经过口耳相传，“应观众热烈要求”，还连开了好几次课，制作内容从孩子成长，扩展到记录家庭旅游。记得当时母亲节，我为婆婆和妈妈分别制作了一本精选集，也鼓励大家“动手做”送给自己的亲人，“用苹果电脑制作独一无二的相簿”，成为该年度最受欢迎的礼物，当时真有种新闻人摇身一变，成为“销售高手”的感觉！

我们爱分享，不限大人或是消费者，曾任西门店店长的魏宏伟说了个故事：“关先生走进店里，看到一群五六年级的小孩在计算机前玩游戏，店员们其实不是很喜欢小孩霸占机器不放，结果关先生不但没有阻止，甚至鼓励他们多体验不同产品，甚至还把当时的 iPod 结合表带（概念类似现在 Apple Watch 的前身）的商品拿给他们看：瞧，看起来像手表，其实可以听音乐，手指一划还可以更改操作界面，酷吧！”

当时纽约纽约店店长胡语宸也回忆说道：“老板从来没

有逼我们成交，倒是不断提醒我们要分享，站在消费者的角度，了解对方的需要，真心诚意地帮对方解决问题。销售同仁不要只想对方买不买？更在意的是你用不用得到？会不会用？如果不会，我们该怎么帮你帮到会。”

我们同仁无私的服务，积极地分享，帮你就帮到底的热忱，获得许多消费者的认同，当时我还常听到不认识的人说：我超后悔在 ×× 那里买计算机的！成交后再也不理我，有问题也爱答不理的，你们服务超棒，以后我都要来这里买！

10 没经验，让我害人失业

以前新闻工作抢快、抢时效、抢话题的专业，在商场上，尤其是苹果这个品牌，怎么突然派不上用场了？以前的“制胜秘诀”，现在成了“致命关键”……

STUDIO A 展店至四家时都还处于亏损的状况，尽管急着想赚钱，但我们从来不“逼”同仁用紧迫盯人的方式成交，一再强调“分享”的哲学。当时我先生还自掏腰包，将积蓄借给公司运转，这些内幕旁人从来不知情，而真正让 STUDIO A 业绩突飞猛进、转亏为盈的关键，其实还是拜 iPhone 上市之赐。

智能型手机具有划时代的意义，当时全世界都睁大了眼睛想要一窥究竟。问题是，苹果最厉害的营销手法就是“搞神秘”，他们从来不花半毛广告费，也绝不在上市前泄漏半点消息，于是所有人拼了命地猜，各路媒体分析讨论，“口耳相传”之下，免费帮这个品牌的产品打了最大的广告。

iPhone 当年在美国上市，开卖前三天就有人彻夜排队，希望第一天就能抢到手好向人炫耀。新闻工作出身的我嗅到了“新闻味”，立刻请美国亲戚加入排队行列，最后如愿在开卖当天拿到手机，然后马上用商务舱把手机给“飞”回来。当我一确定手机、机票、抵达台湾时间等流程都万无一失的时候，马上召集同事规划记者会：旧金山飞台湾的飞机，清晨六点抵达，如果记者会十一点前召开，正好可以赶上十二点午间新闻；下午时段，手机再开放借给各媒体单独拍摄，晚间新闻的篇幅，一定可以更大。

保持市场敏锐度，深耕品牌印象

果然不出所料，“全世界第一只 iPhone，STUDIO A 独家亮相”，记者会空前成功，媒体把一百坪大的店挤得水泄不通，SNG、跑马灯，没有一家媒体漏掉这则新闻。当天下午还接到老东家 TVBS 邀访，在方念华主播的黄金新闻时段，介绍 iPhone 的功能特性。答应受访前，我的唯一的请求是：十五分钟的访问时间，屏幕上从头到尾要打上 STUDIO A 字眼，好加深消费者“STDUIO A = 苹果”的印象。

我的好友 Kelly 和她先生从事餐饮业，看到电视台的专访之后打了电话给我，劈头就说：“雅淇，你超夸张的，我们经营连锁事业快二十年，开了几十家店，从来没有机会在电视上出现超过一分钟。你今晚为 STUDIO A 至少省了两千万广告费吧！”

我必须承认当晚的专访创下高收视率，品牌获得高曝光率，之后电子、平面、网络媒体的报道，篇幅之多与层面之广，其价值相当于花了数千万买广告。很多人到现在都“误以为”全台湾卖苹果的只有 STUDIO A，或是路上所有的大小专卖店，全部都是 STUDIO A 的（事实上还有许多其他不同等级的苹果经销商）。这一波又一波的媒体攻势，对业绩绝对功不可没。

隔没两天，就在我们还在为店里来客数更多、品牌知名度更广、业绩更进步而沾沾自喜的时候，我们收到了消息，苹果总部把当时苹果台湾分公司的营销经理给炒鱿鱼了。我们感到错愕、气愤，不明白也不了解，这营销案空前成功，怎么可能把主管给解雇了？

“制胜秘诀”变成“致命关键”

“苹果公司会自行决定 iPhone 在世界各地的上市时间，

总公司没有宣布，产品没有铺货到店里之前，经销商不可以泄漏半点风声，更何况这从美国买来的叫‘水货’，经销商怎么可以大做广告？”当时的台湾苹果总经理这样告诉我们。

我好像被闷棍重敲了几下，以前新闻工作抢快、抢时效、抢话题的专业，在商场上，尤其是苹果这个品牌，怎么突然派不上用场了？以前的“制胜秘诀”，现在成了“致命关键”，虽然被革职的不是STUDIO A的员工，但是这位苹果主管却因我们而丢了工作。还好他后来另有“高就”，但我心里总有一份抱歉和难过，以及许多的错愕。

从此，我体会“小心驶得万年船”的含意。以前我总是抢快，经常手中大事还没完成就急着邀功，这件事却让我彻底转变想法：“还没做完，还没做好，不要急着说。”一方面减轻自己压力，一方面也较能顾全大局，毕竟经营公司不是个人事业，代理全球知名商品，尤其是苹果，更要如履薄冰。

11 买一百五十元商品，结十五万元账

以自己从不会到会，跌跌撞撞的摸索过程为同理的基础，真心体贴地去帮助每一位需要的客人，对方一定很容易就感受得到这份真诚。想成交，根本不是难事！

iPhone 的上市，间接带动了苹果计算机的销售，过去手机遗失，所有数据也会跟着一并消失的梦魇，从此结束。通过计算机备份，手机通讯录再也不怕不见；手机还可以当相机用，照片只要通过一条线就可以全部存档；随时可接收的 E-mail 加上永远下载不完的各式 App，让人再也不用坐在计算机前，就能在掌中处理上百件事……许多划时代的功能，让很多消费者决定"整合"手机与计算机。

"整合"最极致的案例，是某天我进店巡柜时，一位刚入手 iPhone 的中年男士，问我哪里可以找到"iPhone 快速使用手册"，我从架上拿下这本售价一百五十元的书给他，顺便问了一句："那您有保护壳吗？"一万五的手机都买了，

当然拼了命要永保如新，于是对方二话不说，马上再加购一千五百元的金属外壳。这时我又问道：“手机里的数据，都存在哪里呢？用苹果计算机的话只要联机，所有的文件都可以及时备份噢！”

秉持“分享”的心态，创造双赢

接着我又拿出之前“化繁为简”的精神，介绍了苹果计算机其实操作简单，功能强大的特性。前后不过十分钟，这位先生马上决定再加购一台台式计算机。我此时猜想这位客人应该从商，才会有这么大的数据存盘需求，马上又追问一句：“那常出差吗？如果出差的时候，带着笔记本电脑，所有手上、桌上的信息，一项都不会漏掉了！”

就这样，原本只打算花一百五十元买一本书的客人，踏出店门的时候花了快十五万结账，而且还满心欢喜、满口感谢，因为从此他不管在家还是出差，自己还是家人，全部用同一套系统做了备份整合。他之后还不停地介绍客人来，不停地告诉他朋友：“STUDIO A 的商品有多好，服务有多赞！”

不管开多少家店，不管多少新同事到岗，我们从不停止提醒同仁，不要只想着卖东西，要付出真心和关心。不要只把自己当业务员，要把进来的每一位客人当好朋友。

我没学过营销，计算机操作也全部靠自学摸索，可是我很懂得“分享”，自己觉得好的东西常常迫不及待地想告诉需要的人。朋友常说，什么好吃好玩的东西经我一形容，就好像有魔力一样，让大家也想立刻去尝试。加上自己也是从微软系统转苹果系统，非常能体会用户担心害怕又期待的心情。回想这次销售成功的案例，我从头到尾想的不是“赶快成交”，而是没有使用苹果之前有多麻烦，使用苹果之后有多开心，然后迫不及待想把这些“好康”（特指一些商家的促销行为，或者赠品）仔仔细细分享给对方。以自己从不会到会，跌跌撞撞的摸索过程为同理的基础，真心体贴地去帮助每一位需要的客人，对方一定很容易就感受得到这份真诚。想成交，根本不是难事！

不管付出多少真心与时间，成交前还有最后一道关卡：“我买这、买那，有没有打折？”

STUDIO A 还没开业前，我们就未雨绸缪讨论了“打折”这个话题：朋友这么多，买东西要折扣怎么办？有些人觉得为了刺激销售，加上朋友情深，打点折扣很合情合理，再加上在台湾做生意，逢年过节打个折好像理所当然。

贴心服务更胜于打折

然而，我们左思右想后认为：苹果产品本来就全世界不打折，再加上毛利偏低，黄金店面成本又高，东折西扣，反而造成大家困扰，只要由上到下大家都能坚持原则，相信反而能一劳永逸。于是公司内部马上达成共识：不管是谁，包括先生、我、股东、高阶主管或任何家属，通通“没折”！

还好我们早就定下规矩，所以从开门第一天以来，所有亲朋好友从没破例。那时候我常常接到电话或短信，问道：“雅淇，以我们的交情，可以打折吗？”我总是打趣地告诉对方说：“歹势啦（闽南话，主要意思是“不好意思啦”，在道歉场合中连说两遍，还有“请原谅”的意思），以我们的交情，我可以让你打到骨折，可是任何有苹果商标的产品，通通都没办法打折啊！”

苹果商品绝不打折，老实说这项坚持让我们在开幕初期走得很辛苦。当时的财务总监苏郁岚表示：“苹果总部告诉我们不准打折，我们就乖乖听话，没想到其他经验老到的竞争对手另有对策，有些是用特别渠道出货，有些是用不开发票等各式各样的方式成交，不过那不是我们做生意的初衷，我们从不考虑用这些方法。”

为了不让“不打折”三个字成为对话的句号，我们决定用“免费教学”杀出生路，提高商品更多的附加价值。刚开始做的比较简单，成交的时候跟客人约好下次见面的时间，请客人直接把新买的计算机带到店面，趁空当一对一教学，甚至协助他们把旧计算机的数据全部转到新计算机上，同时设定成习惯的使用模式，缩短 PC 转成 Mac 的阵痛期。光是这项服务到底的热忱，已经让很多的消费者说：“哇，这项服务比便宜我几千块还好、还重要！”

后来随着产品越来越多，门店越来越多，我们直接成立了“教学中心”，从刚开始的一周一堂课，到后来各种进阶主题，像是 Pages 苹果字处理、Keynote 超厉害简报工具、可以让你成为大导演的 iMovie，各种专题都有。

不但有直向的单一软件课程，超有创意的同仁，后来还推出特殊主题教学，像是“如何用苹果计算机策划一次旅行”“如何用苹果计算机打造完美求婚计划”。“这些横向结合所有苹果照片、影片、音乐等功能的课程，只有在 STUDIO A 买计算机才学得到。”当时成立教学中心的主任林大班说。

尽管推行之初学员稀稀疏疏，几年坚持下来，反而成为STUDIO A 的一大特色：目前我们共有十二种课程，每个月至少有八十到一百位消费者参加，尽管一些深入的进阶课程参加人数有限，但是初阶入门课程相当受欢迎，最高纪录一堂四十人参加，大家一起在有免费充电和免费 WiFi，且点着香氛的专属大教室中，一起学习如何跟苹果成为好朋友。

资深的同行把“打折”当成销售的终极武器。我们自废武功，把总部的规定当圣旨，尽管刚开始走得辛苦，却一步步杀出自己的路：坚持又快又好，种类又多的产品，配合个人专属感的服务，加上关心到底的热忱，搭配随时需要的说明。

你，还会想去别的地方消费吗？

12 不花钱的千万营销术

我抓破了头拼命发想：时尚科技到底怎样跟电影《赛德克·巴莱》结合？时间倒数逼近，只剩两个礼拜就是开幕记者会了，先生因为早已答应以电影做营销话题，不得已我只好拨了通电话，向导演魏德圣求救……

不少朋友都以为只要挂着苹果招牌，装潢采透明玻璃白色店面，通通都叫作STUDIO A，其实全台湾苹果产品的经销商有好几家，或许只是STUDIO A媒体曝光率高、知名度大，才会让人有这种错觉。老实说，我们创业初期资金有限，根本没钱打广告，除了有苹果高质量产品打头阵，以内部不断提升的亲切服务当武器，接下来，如何让更多的人知道我们在哪里，且愿意走进来让我们有服务的机会，是另一项大考验。

我根据跑新闻多年的经验，设身处地想，怎样的新闻可以让媒体比较好发挥？从采访者的立场换个角度成为被访者，我归纳出几大重点方向：让媒体有“多角度话题”，搭上鲜艳多彩的各种照片，配合“具新鲜感的人物”，提供的回答可以当成标题。正是掌握了这几个关键要点，让我们一路强势攻占媒体版面，有大量免费曝光的机会。

多彩照片，搭配“天价”产品

继纽约纽约店之后，STUDIO A 第二家店在西门町开幕，一年后又搬家到街对角，这里人潮多、年轻人也多，开幕日又刚好选在多彩 iPod 上市期间。虽然好像是充满话题，不过 iPod 不算新产品，就算多几个颜色选择，也难以构成媒体大篇幅报道的条件。

我对邮票大小的报道篇幅没兴趣，总要想办法找到足够撑起半版报纸的话题与画面。这时我灵机一动，心想：既然苹果觉得多彩选择是趋势，那我就做到极致，让消费者眼睛“闪到底”吧！

媒体报道需要好画面，新品是八色 iPod，于是我们搭配八种不同色的法国甜点马可龙，旁边再放上几杯香槟，透过泡泡带给人幸福的感觉！硬邦邦的 3C 产品，首次被搭上甜点美酒，这是企划中的第一张照片。

当时还不流行亮晶晶包膜，我们因为有专属合作厂商，于是就请包膜专家用闪亮水钻包覆在整部 iPod 上，再以跳色方式呈现出字母“A”，目的是希望将商品结合店名。这样的话题还不够呛，我灵光一闪，把“A”字的正中央镶上一颗先生求婚时送的一克拉完美切割 D/IF 真钻，于是“百万镶钻 iPod，只在西门 STUDIO A”的新闻稿就此出炉。

记者会当天还请了好朋友雅虎亚洲区首席执行官邹开莲、Nike 台湾区总经理邱靖雅、彩妆大师郑建国、首次曝光的新光集团长孙女等名人出席见证，这场结合“名人 + 天价”两大话题的记者会，配搭上五彩缤纷“3C + 甜点 + 香槟”的照片点缀，果然在第二天报纸的时尚名人、科技 3C 等版面，抢下令人满意的报道空间。

创造新名词，提高新价值

大直美丽华店开幕时，团队决定把 STUDIO A 的核心竞争力，公约成看得到、听得懂的方式，让大家再次了解。

开幕第一天，我们就标榜提供“私人购物专员”：陪你逛、帮你规划的采买服务；经过前期的训练，我们甚至将这样的服务提供给各大企业，或是有大量需求的家庭。于是我把先生打扮成饭店的门童，代表提供的是“贴心、贴身服务”。在这个阶段我们也开始提供免费上课，可是客人经常不懂得利用，于是我自己穿上网袜制服，打扮成教官的样貌，用这样的方式来表征STUDIO A 提供“轻松的学习方法，专业的教学课程”。

美丽华店是全新卖场，目标是吸引这个区域的贵客。我翻开通讯录，决定这次要把人物焦点定位为“大内帮”！希望将住在大直、内湖区域的好友一网打尽，让名人话题也有所区隔，不再是找几个熟面孔重复出现，记者厌烦，读者也觉得无趣。

于是，几位STUDIO A 真正的粉丝，而且是住在这个区域、平常不轻易曝光的企业人物，都答应出席开幕酒会，包括全球最大牛仔布制造商年兴纺织夫妇、在大直开店的连锁业巨子瓦城泰统集团董事长夫妇，以及和成企业邱元逸夫妇等好友，让“大内帮”成为新话题、新标题。

我们也在此时推出VIP制度，虽然产品不能打折，但是每次交易都能累积金额，达到不同数目，就送不同等级苹果原厂礼物。当时我们调出事务数据，发现前海基会董事长江炳坤的儿子江俊德和他的夫人陈妍岚，刚好是我们的百万超级VIP，而且也都答应出席，接受颁发钻石 VIP 卡。这场结合“总经理、首席执行官亲自粉墨登场”，“区域特殊性的话题名人”，加上“宣布百万超级 VIP”记者会，再次聚集媒体焦点。

多角度切点，让媒体各取所需

从 2007 年第一家 STUDIO A 开幕，至 2009 年为止，两年的时间我们开了七家店。然而，我们明白如果想加速成长，绝对需要更充足的资金和合作伙伴。我先生和正崴科技董事长郭台强本来就是好朋友，正崴又是苹果供货商，长期跟苹果紧密合作，脑筋动得快的先生决定找台强聊聊合作，没想到双方一拍即合，短短一个月的时间，正崴就决定投资 STUDIO A，与我们合作，而且除了指派一名财务长，其他所有主管全部续聘留任。

台强的加入让 STUDIO A 如虎添翼，展店速度加倍，光是 2009 年一年就增开了五家店，也由于台强的投资事业范围较广，后续展店时的话题便加入了两者结合的方向。例如 101 店开幕的前两个月，先生下了一道“圣旨”给我：台强投资了一部电影《赛德克・巴莱》，到 101 店开幕时，把两个话题结合一下！

整合资源，扩大效益

先生不常看电影，对于影剧新闻更是不感兴趣，他站在合作伙伴的立场，想互相帮衬打广告，但他完全不知道这部电影描述的是“原住民抗日”“过程凄惨，从容牺牲”，还有“流血杀头，浴血抵抗”的情节。偏偏我又是那种“先生有交代，太太就忍耐”型的工作者，所以抓破了头拼命发想：时尚科技到底怎样跟抗日电影结合？时间倒数逼近，只剩两个礼拜就是开幕记者会了，先生因为早已答应以电影做营销话题，不得已我只好拨了通电话，向导演魏德圣求救。

“导演大人，我需要你的帮忙！”电话才接起，我就非常无助地拿这句话当开场白。魏导知道 STUDIO A，但也真的想不出两者有什么可以链接的话题，聊着聊着，我们提到了拍摄的过程：“每个镜头都用苹果计算机确认是否可用”“每个画面也是用苹果计算机做后期制作！”

拿着这两句话，101 店开幕当天，我们再度打破来访的媒体家数与记者人数：“产业类媒体”追着台强，想要更加了解我们合作之后，对正崴股价的影响与展望；“财经类媒体”追着我先生，想知道当年度 STUDIO A 的版图如何继续扩张；“名人时尚版”挨在台强夫人的旁边，希望我和她多拍两张照片，为硬邦邦的3C记者会增添看头；“电影综艺线”包围着魏德圣导演和男女主角，聊拍片过程与花絮……一场记者会我们得拉开四个背景，才能让各路媒体各取所需。

就这样，我们每开一家店，都会设想不同活动，绞尽脑汁让媒体有多角度的切点，以便吸引不同路线的记者；至少五张画面好看的照片供选择，露出版面的机会才会大；邀请有话题、够分量的来宾，并且事前就帮他们想好记者可能提出的问题与答案，免得模糊焦点出差错。我甚至会帮来宾预先规划，若是电视台访问，回答的内容，如何控制在12至15秒，才能让记者在最短时间内，剪辑出最佳答案。

若是由公关公司来操作，一场活动办下来动辄百万起跳，而我们几乎没有花钱，靠着团队自己动动脑、动手做，几场记者会便为公司省下千万支出，而且每一场的广告效益都以百万、千万起跳。还有个要诀分享，当时我们喜欢在周四办活动，周五媒体一露出，周末客流量就会明显增加，直接带动销售业绩！

CHAPTER 3 不会就问，问懂了就是你的

从来没有渠道经验的新闻工作者，休息六年之后以家庭主妇的身份进入商界，拿了一百万积蓄独资创立“逢纬国际”，专门设计、制造、代理计算机周边商品。我完全是以消费者的角度，看到市场的不足；鼓起勇气，没有瞧不起自己缺乏经验，更不把这当借口就裹足不前；不懂不会没关系，不管遇到什么问题，只要不耻下问，抄好笔记，再把各路行家的经验归纳、吸收、整理，最后就能成为自己的知识。从来只想“怎么解决问题”，没时间抱怨放弃。

我拼命学习，敢问、敢冲、敢一个人当业务员，一步一步，从台湾走向亚洲，最后不但将自创品牌产品卖入岛内所有竞争对手渠道，还拓展到马来西亚、新加坡和中国香港等地，最后进军最难打入的日本市场，接到公司创立以来最大一笔订单。

13 问、思考、了解、学习

不懂装懂，回去还是不懂！但是如果问出口了，原本是个笨蛋，回去之后，应该会变得聪明一些。所以，我才不要让自己往笨的路上走，为了不值钱的面子，把自己推到笨笨的无底深渊，这样做有什么好处呢？

每天巡店、看报表，让我们发现一个事实：苹果产品毛利太低，光靠苹果真的赚不了钱，再加上新品不是天天有，好不容易发布了又常缺货，所以一定需要足够的周边产品配搭，才能提高营业数字，消费者才有更多选择。于是在成立 STUDIO A 之后不久，我从自己的积蓄里拿了一百万出来，独资创立了“逢纬国际股份有限公司”，专门制造、设计、代理苹果周边产品。

创造，从需求开始

由于工作的关系，我得天天背着计算机到处跑，可是就连号称有两千种周边商品的自家店里，我还是找不到好看的计算机包，能够搭配我每天的服装。一般计算机包不是太过阳刚，就是颜色太暗沉；有些质料太差，有些则携带不方便。就是因为切身的需求，兴起我自己设计计算机包的点子。

当时造型师好友郑建国自创品牌卖保养品，为了提升业绩便制作化妆包当赠品，我看他的小包包质感好极了，完全不输国际大品牌，于是决定规划“以女性顾客为主、高质感、合理售价、颜色多样、包装精美的计算机包”，作为我创业前期的产品主轴。

STUDIO A 一路走来，我有任何问题都可以跟先生讨论，现在独资创业，什么问题都靠自己解决：制造产品的成本该抓多少？产品毛利与渠道毛利怎样算才能双赢？包装呢？什么样的盒子又精美又便宜？哪些工厂愿意少量制作且价格又低？大学读日文系，毕业后因新闻工作需要在纽约大学念电影学分，EMBA 念科技管理研究的我，过去所有经验都跟“设计和制造”沾不上任何一点边，可是人生就是这么奇妙：没有经验，一点也不能阻挡我追求梦想，反正任何不懂的事，我解决的唯一法宝就是——“问到会”！

我永远记得到《商业周刊》上班的第一天，社长何飞鹏跟我说：“不会的就要问，不要不懂装懂，如果现在觉得丢脸不好意思问，哪天跟我一样年纪的时候还不会，那才真的丢脸。问有什么丢脸的？问会了就是你的！”那时候年纪轻、脸皮薄，真的常常不懂装懂，不敢乱发问免得被人嘲笑。但是我一听到老板的教导，马上记下，至今一直奉行“敢问，敢学，拼命学，而且永不放弃学习的态度”，这样的精神支撑着我迎接每一天的挑战。

“不会就问”的哲学

谨遵这个“不会就问”的哲学，后来我遇到任何问题都采取不耻下问的方式，而且是立刻问，紧紧抓着问。我甚至疯狂到大家正在吃饭，有人突然讲了一句英文、一个单词，或是一件我不知道的事时，我会立刻问对方刚刚讲的是什么意思？可不可以再说一遍？我告诉自己，不懂装懂，回去还是不懂，本来是个笨蛋，回去还是笨蛋！但是如果问出口了，原本是个笨蛋，回去之后应该会聪明一些。所以，我才不要让自己往笨的路上走，为了不值钱的面子，把自己推到笨笨的无底深渊，这样做有什么好处呢？

礼貌地向别人请教，真的不会怎样。尤其是稍有知名度的人，如果敢于随时开口学习，除了让人觉得不可思议之外，经常还会让人佩服你有这个胆识，钦佩你学习的态度。所以“问”绝对不丢脸，发问太有力量了，尤其是问对的问题，问到关键的重点，你就会得到关键的答案，甚至因此翻转人生。

而且我发问的对象完全不管什么年龄层、什么阶级，或者什么知识，这些都不是考虑，问完了就是我的；没有那么多顾忌，没有那么多限制，不要害怕。这就像存钱一样，把铜板丢进去，落袋为安就是你的了。肯问与不敢问，一个是走到天堂，一个是走到套房！就是一念之间。

我有很强烈的求知欲，可是以前总是想太多，觉得不好意思问，结果被自己的无知折磨到一个境界。可是全世界除了自己体会到那种痛苦和疑惑外，没有半个人知道，所以何苦折磨自己？把你所想的，你的不安和疑问适度释放出来，当觉得不如人的时候，或可以再进步的时候，就礼貌地、智慧地、有计划地发问。现在就开始去问、去思考、去了解、去学习，那么至少三个月、三年、三十年之后，你不用再为了同样一件事自卑。重点在于你要不要走出那一步，而且那一步很简单，就是“用心准备，大胆发问”，而且这完全是“不用成本、没有代价”。

于是，逢纬成立初期，我就锁定两个人作为我创业的发问对象。

14 我的笔记本人生

万一对方肯回答我，就算一个问题，也是被我赚到，这样一想，岂有不尝试的道理……我找了业界很厉害的营销、很厉害的老板，两个人全部来回问了几遍，并且把内容认真抄下来，交叉比对整理出自己的心得。

或许是新闻工作养成的特性，我很习惯把问来的知识抄在纸上，存在笔记本里，所以谁曾经跟我说过什么，很久以后我都还能翻出当初完整的内容记录。单单会发问还不够，还要抄下来，反复思考、归纳、整理，再发掘新的问题。就因为我的笔记本大大小小实在太多，从新闻工作时代，到英文单词本、创业笔记、育儿笔记、食谱、家用规划，内容包罗万象，朋友因此用“笔记本人生”来形容我的求知之路。

专业无贵贱，首席执行官请教小业务

翻开创办逢纬时期的笔记本：公司取名、Logo 设计注册、包包设计图……内容无奇不有。而我第一个经常“骚扰”的请教对象，是一家日本计算机周边产品代理公司Elecome的女性业务，她是一个个子小小、非常可爱的女生，年纪大概只有二十多岁，可是非常勤奋，我常常在当时位于纽约纽约的STUDIO A店里，看到她站在专柜前面点货、铺货，或是拿着各式各样的美工用品，随着各样新品上市，再把自己的柜位做不同的点缀（STUDIO A开业初期，各品牌是可以自己做些许设计搭配产品以吸引顾客，但随着后来苹果政策的改变，完全不能添加任何其他元素）。我认定她是所有周边品牌中最努力的业务员，于是打了电话给她，向她请教问题。

小女生听到“首席执行官”要亲自约见，吓得退避三舍，以为自己做错了什么事情。而当我们面对面，我告诉她我要向她“请教问题”时，她更吓傻了，大概心想：哪有老板向年轻业务请教的？然而，我的发问对象不管年龄地位，只要对方有足够专业，就是我请教的人。于是我们总是约在公司附近，谈话内容主要是以她的公司为例，什么样的产品比较吸引消费者？进多少货又卖掉多少才会真正获利？她负责哪些渠道？都是怎么开拓新市场？怎样让产品在众多竞争者中卖得好？

经过不断请教，我总算对不同类型的末端渠道有些概念了，接下来更往上推：如果自己是制造商，人事成本要怎么估算？不同渠道的利润又该怎么给？怎么样可以给渠道少一点、自己留多一点？公司其他开销的比例？所有数字上的问题，我则是请教了一位当时自创品牌，而且做得有声有色的年轻老板的经验。

对的问题，问对的人

问了 A，我又会有问题想问 B；问完 B，又想再跟 A 补充一些内容，就这样来来回回，笔记本因此又消耗了好几本。记得那时纽约纽约 STUDIO A 旁边有一家冰淇淋店，每天都可以看到我的足迹，我就在那里一直问一直问，旁边还有一家麦当劳，叫一杯红茶，拿着纸笔，就在那边坐一个下午，一个个、一次次地请教。更可笑的是，当我设计完产品，做完公司内部架构，准备要设计包装外盒的时候，我居然打了通电话给岛内的造纸大厂“荣成纸业”董事长。

我爱发问、爱记笔记，还奉行“对的问题，问对的人”的原则，所以年龄不是距离，地位不是问题，可是……我必须承认自己有点“不太识相”，荣成纸业可是上市公司，营业额亿万起跳，每年生产工业用纸、纸箱、卫生纸等各式产品，而且数量是以吨计算，而我在产品初期只想试卖“六百个”包包，做“六百个”纸盒，为了这蚂蚁般小的事，我居然打电话给龙头的企业老板。现在回想起来，还真不知是哪里来的胆子，敢打这样的电话！

荣成董事长郑瑛彬是我在《商业周刊》工作时的采访对象，我心想：我就打电话去试试看，对方不愿理我的话，至少我也努力尝试过了，没有遗憾；万一对方肯回答我，就算一个问题，也是被我赚到，这样一想，岂有不尝试的道理。

感谢老天，我的电话真的得到了响应，半个小时的请教内容，让我仿佛在这行业里打滚了三年一样宝贵：计算机包比较重，纸质克重要够；想要像精品一样用纸盒包装，又要让客人能够摸到实品，背面做开口设计就能鱼与熊掌兼顾……我们不只谈到纸的特性和包装本身的优缺点，郑董事长在我离开之前，还语重心长地告诉我：创业不是一天两天的事，也跟做家庭主妇不一样，比较像是跑马拉松一般追求长远的美好。他给我上了珍贵的一课。

就这样，我找了业界很厉害的营销、很厉害的老板，两个人全部来回问了几遍，并且把内容认真抄下来，交叉比对整理出自己的心得。当相信对方拥有值得我学习的专业时，不管是最底层的业务员，还是已经小有经验的老板，甚至是上市公司的总裁，只要想学，我就会努力去问去试。我经常翻阅自己的笔记本，反复地翻、反复思考，问过的问题吸收消化反刍，发掘新的问题再问一遍。问完三次之后，我大概已经知道这行业是怎么回事了。

15 主妇CEO，冲锋一线业务员

说服这些年轻人的方法不是自己一个人说个不停，而是用行动直接证明，于是我向他们借了一把大剪刀，把整个计算机包从正中间狠狠剪开，掏出内里，证明采用的绝对是最好的吸震绵，绝对可以有效保护计算机……

摸起来像真皮一样的计算机包，采用的其实是高科技合成皮；看起来像上万元国际精品的质感，只需一千多块就能拥有；四种不同颜色的选择，可以搭配每天不同的穿着；采用最高等级吸震绵，附带保修卡、品牌故事卡，还附赠有如国际精品一般的防尘袋——上头打着我的英文名字Vivian Chiang的缩写VA，第一个系列的产品在公司成立后不久总算诞生。而我第一步的心愿，是将产品卖到除了STUDIO A以外的所有竞争渠道。

很多人觉得STUDIO A是台湾第一家或是唯一一家苹果代理商，事实上在我们之前，光华商场里有优仕，百货渠道有德仪，新竹地区有一方之霸耐美，诚品渠道有冠捷，苹果的渠道说少不少。我电话一通一通地拨，打给这些 STUDIO A 创业初期也是我请教对象的业界大佬，希望获得见面的机会，推销我的产品。因为从公司创立的那天开始，我就知道“做什么，要像什么”：在家里我是孩子的妈，是家庭主妇，要处理家务又要陪孩子做功课；但在公司我是首席执行官，老板没有下班时间，每天处理不同问题，处理完之后又要面对新的挑战；而成立逢纬我就是“老板兼撞钟”，初期要亲自设计和推销，之后还要带着产品自己上架及铺货。

做什么像什么，而且要心甘情愿地做

优仕的老板 Randel 是我的第一个客户，我打电话过去，带着产品亲自登门拜访。见面先送上一个完整包装的产品给他当礼物，之后拿出好像订购爱马仕柏金包时的产品皮书，再用看中医“望，闻，问，切”的方式，先请他“摸”皮革的触感：虽然是高科技合成皮，却有真皮的感觉；再请他“闻”产品的气味；最后，我补充了“拉链头经过数百次拉力检验，绝不轻易松脱”；“无数次手把重量测试，确定耐重坚固”；就连包包的内折缝线，每条格纹是否对齐，我这个不够干脆的处女座都一丝不苟，介绍得仔仔细细。

介绍完之后，他干脆地说："这样吧，第一张订单八万块，产品颜色和内容由你规划，可以送货的时候call我！"

第二张订单，得来可就不容易了。约好了时间，我带着产品一个人准时赴约，到了门口，接待小姐说："老板在开会，要等一下！"我就在员工的众目睽睽之下，一个人坐在门口等。我知道这个坪数不大的办公室里，每个人都在偷瞄我："那不是主播吗？""那就是STUDIO A首席执行官啦！""贵妇也要出来跑业务吗？真奇怪！"这一等还不是五分钟、十分钟，我足足在众人进进出出的走道上，等了半个小时之久。

当时心里气不气？其实也还好啦，因为我知道自己在那个当下就是业务员的身份，别的业务员会受到怎样的待遇，我也感受一下没关系，"只要拿到订单，吃点苦没关系"。（而且我东瞄西瞄，也发现不少业务机密，不愧是记者本性！）

秉持着这样的信念，我跑遍了每一家竞争对手的办公室：有的是老板给我斥责，有的则是业务员给我出难题。印象最深刻的是，其中一家公司决定是否采购的人是各分店的店长，二十岁出头的他们难以置信对手公司的首席执行官会亲自跑业务，有点害怕又惊讶，忍不住想好好刁难我，于是出了各式各样的怪题目。

最后，我发现说服这些年轻人的方法不是自己一个人说个不停，而是用行动直接证明，于是我向他们借了一把大剪刀，把整个计算机包从正中间狠狠剪开，掏出内里，证明采用的绝对是最好的吸震绵，绝对可以有效保护计算机，接着又把我带来的水瓶打开，直接泼水在防尘袋上，证实说明书上的Splash Proof，真的具有初级“防水”功能。

成功，来自坚持目标

最后，台湾竞争对手渠道全部向我下了订单！靠着这样的精神，我还带着产品跑遍马来西亚、新加坡、中国香港，这三地成为逢纬首先打入的外部市场。我的目标从当初岛内所有的竞争对手，到百货相关渠道，之后进入亚洲市场，最后则是“打进质量要求最高的日本”。

我们一方面稳定制作出货，另一方面小试身手，代理进口了一些不错的日本3C周边，像是气球喇叭、马克杯音响……就因为产品类型越来越多，因此打开了更多不同类型的渠道，像是当时比较时髦的微风广场 Plaza、手创馆、诚品书店，甚至网络渠道，也有我们的产品，而且卖得极好。也因为在台湾能见度越来越高，终于引起日本代理商的注意，请我们准备所有计算机包的系列样品，寄到日本接受专业评估与鉴定，看是否有机会销往日本上市。

我相信高质量、有特色、包装精美、价格合理，这些当初创业第一天就设定的方向，而且一直坚持的目标，最终起了作用。我们的产品从四色的仿真皮系列，加入了五色的铝片系列；从单一计算机包，新添了小型的周边杂物收纳包，甚至赶上国际潮流，设计出双面亮片英国国旗包。

更多选择，更抢眼，质量更好，让逢纬在短短一年的时间内，通过代理商无数次检验，漫长的等待，最后接到创业以来最大的一笔订单，而且就是来自最难打进的日本市场。对方代理商在东京有七千多家连锁店面，包括大家熟悉的手创馆 Tokyu-Hands、FrancFranc、LOFT 等等，而且我们的产品被选定要放在当时最新开在六本木的苹果店，而且是一进门的第一个柜位！

一个从来没有从商经验的新闻工作者，休息六年之后以家庭主妇的身份进入商界，短短一年多的时间，达到超出所求所想的目标：我看到市场的不足，于是鼓起勇气，没有瞧不起自己的经验不足，更不把没有经验当借口裹足不前，只希望能试着填补这块市场；不管遇到什么问题，只会想“怎么解决”，而不是抱怨或放弃；三位贵人愿意指导，我愿意好好学习；敢问，敢冲，敢一个人当业务员，从台湾走向亚洲。

那位曾经在产品介绍会议中质询我，逼得我最后直接剪开计算机包的店长，最后成为逢纬的重要干部，因为我相信同仁们越有能力、越专业，越能弥补我的不足。中年妇女二度就业，前面叙述的这些关键缺一不可。

16 命越算，心越乱

“不要忧虑吃什么，喝什么，穿什么；你看天上的飞鸟也不种，也不收，老天尚且养活它。你们不比飞鸟贵重得多吗？你们谁能用思虑使寿数增加一刻呢？所以，不要为明天忧虑，因为明天自有明天的忧虑；一天的难处一天当就够了。”

猜猜看，我和先生两位门外汉一起展开STUDIO A的冒险旅程，以及自己一人懵懵懂懂独资开公司、跑业务、争取订单……跌跌撞撞的过程中，我们有没有算命卜卦问未来？请风水师挑门面地点？求命理师择日开店？

答案是：没有，而且想都没想过！

小时候我对算命完全没有兴趣，一向奉行“凡事不求人，一切自己努力”的原则。第一次算命完全是一场意外：高中同学为了感情问题困扰不已，我陪她去当时西门町最红火的“巴而可”散心逛街，上楼的转角刚好有个算命师，招牌上写着“感情专家”四个大字，为情所困的同学二话不说拖着我坐了下来。

半小时内，同学交出了八字、测了字，还抽了签，我看她越听越伤心，心情没有半点好转。而听起来似是而非的答案，也没能帮她解决疑惑，不一会儿算命师把目标转向我，好奇心驱使我也跟着随口问问，既然没有感情问题，那就算算学业吧！

“读书很难专心”“考试很辛苦”……人生第一次算命，我就只记得这两句话，而且听到之前没事，听到之后每次读书考试都觉得不对劲，因为这两句就像“撒旦的谎言”，每次读书累了就想到算命师说我无法专心，然后就会自暴自弃，认为我天生就是这样，加上算命说我考运不好，难怪每次考试都很辛苦。那位一辈子只见过一次，而且现在完全想不起长相的神棍，说的话却好像“紧箍咒”般，控制着我的思绪，影响着我的心情。

不让别人的一句话，主宰你的人生

大学联考时，我被这咒语害得更惨。永远记得第一堂考试进了考场之后，我一边想着“考试会很辛苦”，一边直冒冷汗，手拿着笔不断发抖，前半小时根本在慌神，完全无法写下任何东西。我可是朗诵、演讲、辩论比赛的常胜军啊，从来不知道什么叫作怯场，现场人再多都不会紧张害怕，可是就在考场，没有人看着我，也不用面对谁，结果就因为江湖术士这句话，第一科考得奇差无比，连及格都没有达到。

第一次尝到苦头，我却没有吸取教训。之后举凡事业、婚姻，每每遇到无解的问题都想去“算”一下，可是这个老师这样说，那个仙姑却那样讲，让人根本无所适从，而且答案都是模棱两可。透过朋友介绍，我甚至连乩童（一种职业，属于原始宗教巫术仪式，在中国台湾地区和泰国一代最为盛行）都问过，无助的时候，觉得只要有一个答案跟真实生活接近，就会非常相信，完全不管其他九成的答案都是胡说八道，而且一旦依赖了算命，就会很容易养成“每事必问”的习惯，一时约不到所谓的“大师”，或是老师还没告诉我答案，人生就停在那边什么也不敢做决定。总之，越算心情越不好，越问命越乱！

我还不是最惨的例子。

好朋友凯瑟琳生了女儿，一直怀不上老二，找了据说“有天眼，超级通灵”的老师，两颗眼珠还会一前一后转。老师掐指一算说：“很难再怀孕，就算怀了也会流掉，流掉之后夫妻失和，婚姻不保，最后没有儿子，没有房子，连老子都不保！”

不久之后，朋友好不容易怀孕，而且是个男丁，但是整个孕程心惊胆战，只要身体有点不舒服，明明就是怀孕期间的正常反应，也会马上想到算命师的话：就是这次，就是这次，我孩子大概快不保了，快流掉了，完蛋了！怀孕应该是个充满喜悦的过程，而且又是一心期待的儿子，但算命师居然成了她生命的主宰，一句话影响了心情和决定，让她每天都活得紧张又害怕。

凯瑟琳说：“我向上天宣告切断所有这些神棍、命理师的诅咒，相信上天会赐给我平安美好，我获得内心的平静，最后顺利生下健康的宝宝！”

现在这位美女妈妈有儿有女，而且都超级可爱，还有舒适新房，老公也工作顺利，事业版图越来越大。“回想起来，当初真是无知荒唐。”凯瑟琳说。

17 成功人士的顶级机密

一位董事长的事业版图很大，每天日理万机，但不管再忙再烦，当他走进小组的时候，不是给人自大骄傲或烦躁焦虑的感觉，而是带着“与神同在”的气息……这对于首次创业，而且才这么点小事业就慌乱不已的我来说，实在是太神奇了。

小时候经常拿香拜拜，总觉得理所当然，可是拜拜从来没有让我觉得平安，顶多只有“心安”。从事新闻工作时期我还到处算命，算到自认可以出一本“算命大全”，教人感情问题到哪里问、事业到哪里算、财运到哪里卜卦。问题是本来只想问一个问题，结果变成一种依赖：没算的不敢做，问了答案不好更不敢动。总之拜拜和算命，都无法给我来自心底的平安喜乐。

常常听婆婆说，公公的爸爸，也就是老公的爷爷，每天清晨起床祈福，手上总有好长的一张单子，上面密密麻麻的名字和事项，光是帮家人、朋友“代祷”，就会花上两三个小时的时间。刚开始我很不明白祈福有什么用？总觉得那是老年人清晨睡不着觉的活动，不过实际相处越久，越能从公公婆婆身上真实感受到“平安喜乐”，感受到“爱”，那是一种不自私、爱人如己的境界。

公公做过台湾中油股份有限公司总经理、台湾中石化董事长，也担任过台湾“国民大会”代表，经常有晚辈、朋友问他各式各样的问题。那些请托事项我听起来简直是棘手又难以解决，不但要有实务经验，还要有做人的圆滑与智慧。但是再大的难题，好像也难不倒公公，因为他不只凭人生经历，更会事事祈福，之后靠着“属天的智慧”伸手成就，解决难题。

至于我的婆婆，永远都面带微笑，从来没见她生过气。她并不是压抑情绪，真正与她相处过总觉得好轻松、好温暖。刚结婚时，每一次见面，她总是对我说：“雅淇，我每一天都有为你祈福。”刚开始我实在不明白，好好的为什么要为我祈福？我甚至幼稚地想，这是先生家问候人的“开场白”吗？每天为我祈福？真的不用，我很好啊！大概因为我是新进门的媳妇，要对我好一点……

从刚开始的怀疑，到后来真的亲眼看到他们总是为家人朋友，真心且持之以恒地代祷；不管遇到任何的高潮低谷，总是能平安喜乐；甚至对于可以生气报复的对象，还是能靠着信仰，平静地饶恕原谅。就像那首朗朗上口的歌词一样：爱是恒久忍耐又有恩慈，爱是不忌妒，不轻易发怒，不计算人家的恶，凡事包容，凡事相信……

CHAPTER 4 成功，是给敢于坚持的人

曾经以为自己没有“毅力”，人生路上擅于短跑，不熟悉马拉松式的长远竞赛。没想到为了争取 MONSTER / Beats，居然耐心花上八个月时间，在四组男性竞争对手中突围，拿下台湾独家代理权，而对方的理由竟然是“因为你们年轻，没经验，而且一无所有”。

曾经我自诩颇有“勇气”，面对老外总裁不慌张，面对谈判中的劣势总能从容扭转为优势，遇见国际级团队也能镇定应对。

但面对母亲中风、孩子需要照顾、公司遭遇危机、团队需要帮助。所有难题同时来袭，这些毅力和勇气都不够用。在洒满母亲鲜血的重症监护室病房外，在两张紧急脑部手术的同意书前，我崩溃了，突如其来的意外让我无助的打算不顾一切，放弃所有。

18 在清一色的男性竞争对手间突围

除非是自己看不起自己，除非自己都觉得自己不行，除非还没努力就想放弃，否则年轻、没经验根本不是失败的借口……遇到障碍就解决、挪开、再向前，最后不论成功也好，失败也罢，心态上只求过程全力以赴，绝不允许自己“未战先败”。

STUDIO A 的韩国合伙人高大守是我们非常重要的合作伙伴，也是商场上洞察先机的智能型企业家，他总是跟我们分享产业趋势、韩国潮流。某天他走进我的办公室说：“Vivian，你看一下有个叫 Beats 的产品，在美国非常受欢迎，韩国刚引进就引起年轻人的旋风，你试试看去拿下台湾的总代理吧！”

他时间有限，没有多做解释就匆匆离开。我立刻上网查，搞不清楚状况的我还不小心误搜出一堆跟情色有关的项目。试了好几次，才明白那是美国耳机产品，隶属于魔声公司（MONSTER）旗下，由于是音乐圈呼风唤雨的嘻哈教父 Dr. Dre 创立，再加上耳机外形非常独特抢眼，所以很容易就被植入所有 A 咖歌手的 MV 中，像是当时最红的 Lady Gaga、黑眼豆豆、小贾斯汀之类的，而且很快打进全美年轻人市场，甚至有席卷娱乐文化的架势。

我的新闻鼻让我闻到浓浓商机！台湾市场不乏耳机产品，但主要以日系为大宗，像这样抢眼多彩的美式风格，市场少见。魔声是做专业线材的第一品牌，用他们产品制造出来的耳机肯定有好音质，再加上他们清一色用大牌艺人营销，大量在时尚圈、娱乐业曝光，我光是看了几张图片就血脉贲张，脑袋里迸出好几篇新闻稿攻占各类媒体版面的画面。于是“不要怕，只要做”的血液又快速流窜起来，马上请团队人肉搜索，积极寻找联系对方的方式及渠道。

只怕努力不够，不怕白做工

一般人总是认为，“有关系，就没关系”，任何事只要有人脉有渠道，一切好谈好商量。但当时我只知道一个叫 Beats 的品牌，没有任何渠道，不认识任何中间人，对方企业又远在美国，连想要打电话都不知道找谁。

于是我用最笨的方式，连上对方的官网，看到官网下面“contact us”（联系我们）就点进去，寄封 E-mail 自我介绍一番：我们是什么公司、想要做什么、我们的优势，诸如此类的数据。信息寄了过去，三天没回音，隔三天再寄，过了一周还是没回音。我也不气馁，继续写信过去，每次再多一些自己公司的优势与介绍，就这样等了快一个月，对方才终于有响应。

整个联系过程，我半点把握也没有：对方爱理不理，回复极慢；好不容易回封信，要的全是对我来说跟登天一样难的数据，像是全台湾的渠道分析、各渠道目前业绩、未来三年预计开发渠道、未来三年营业目标……我没卖过耳机，不知道除了苹果渠道之外还有哪些地方可以卖，又怎么可能知道其他商家的营收资料？我对开发渠道也一无所知，没卖过的商品，却要我提交未来三年业绩规划和成长曲线预测，这简直比考试还折磨人。

还好老天爷赐给我一个不服输又正面乐观的个性。我和团队咬牙努力，对方提出的所有要求，不论有理或无理，我们都全力以赴，尽可能找出答案。我告诉同仁：就算最后没有拿到代理权，至少我们也知道了国际品牌是如何选择各国及各大区域代理商？国际级的要求有哪些？也会对台湾市场更加了解，以后不管卖什么都会有帮助，想来想去都不吃亏。我是同仁们的“加油打气中心”，拥有“只怕自己不够努力，不怕白做工”的信念，而且不断把这样的信念灌进同仁们的脑袋中。

换个角度看，缺点变优势

对方选择代理商的过程，挑实力也挑耐心，更是挑勇气。魔声亚太区销售总监方仕敬（Robert Fong）告诉我，我的竞争对手清一色都是男性：有全台湾最大的水货商，有长年销售其他耳机的代理行家，也有专业耳机玩家。更让我冒冷汗的是，这些人已经陆续飞到美国，天天到总部门口报到，希望运气好能见上公司总裁一面，增加胜算。

我孩子还小需要照顾，没办法为了一场没有明确时间的会面飞到美国；但我自始至终强调，虽然我们没有财团撑腰，没有经验，不了解市场，但我我们有逐渐建立起来的苹果渠道，以重视体验与热情服务，一步步改变台湾计算机渠道生态；我的媒体经验，绝对能拓展品牌，让产品迅速在台湾建立知名度；而且就因为没有卖过耳机，我们绝对会把魔声产品当作“独生子”，全心照顾呵护！也因为没有同时代理其他耳机品牌的包袱，更能“价格控管”，拿着卖苹果全年不二价的毅力，我向对方打包票，做到全年不打折的不可能任务！

总之，所有的缺点，被我们用不同的角度诠释，变成独一无二的优点。我甚至老实告知对方，不能飞到美国，是因为要照顾孩子。但我也同时大胆要求，直接跟总裁进行视频会议，让他当面提出所有疑虑。书信与数据往返大约半年之后，总算获得总部响应，挤出时间与总裁视频电话。

之前就听说，魔声公司的负责人 Noel Lee 虽是华裔美籍，但一句中文也不会，而且难搞没耐心，对于效率不佳或反应不够快的对手，会直接挂电话或结束对谈，毫不保留情面。我平常看起来嗓门大又敢冲敢说，但面临这种关键时刻，还是担心自己英文不好，担心听不懂对方问题，担心回答不出答案……总之，视频电话会议前夕，我手心冒汗、双脚发抖，这时候找谁求救都没用，更不必特别跑去庙里烧炷香，只需要马上静下心来，你让自己有颗平静安稳的心，来面对接下来的挑战。

结束后的同一时间，计算机通话声响起。接起联机，我就看到胖胖的总裁坐在屏幕那一头，嘴里说着 Hi 跟我打招呼，眼睛却看都没有看着我。我乖乖地自我介绍，露出主播的招牌微笑，以为会获得对方的正面响应，没想到对方还是忙着桌上的公文，没有专心听。我都开始回答好几个问题了，这位总裁还是忙个不停，在镜头前晃来晃去，就这样进行了三五分钟，我停止说任何话。

有求于人，也要有所坚持

无声，比有声更有力量。总裁总算停下手边工作，抬起头来看了我第一眼。我很有礼貌，但也很坚定地说："您先忙没有关系，我等您，不然您动来动去，我都快头晕了！"

我脸上挂着笑容，语气非常温和，但内心其实并不好受。拿不拿代理权没关系，但说好要视频会议，就该认真对待彼此，专心重视这短暂的时间。我的回应方式让总裁也吓了一跳，事后听说他日理万机，说话不看人并没有恶意，可是从来没人敢亲口对指挥千军万马的他这样说话，更何况是一个算是有求于他、希望他放出代理权、来自小小的台湾、又看起来颇为年轻的女性！

坚定温和地说出内心的感受之后，我获得了总裁的目光，接下来半个小时，他非常亲切地与我进行问答，我也拿出最大善意与努力，介绍自己的公司，我不掩饰任何眼前的缺点，也提供未来改进的方案，同时非常有信心地告诉他，我们有别人绝对做不到的优势项目。就这样经历漫长的等待与不停的挫败，同时持续补充大量台湾市场信息，加上一次总裁视频会议，努力了八个月之后，我们总算得到魔声总公司回复：逢纬打败其他所有对手，取得台湾独家总代理。

四家竞争对手都比我有经验，为什么选逢纬？和魔声合作几年之后，我忽然好奇地问起这个问题，亚太区销售总监的答案让我吓傻了眼："因为你们年轻，没有经验，而且一无所有！"

总是喜欢趁工作空当抽根烟的总监，边抽边用他的广东普通话缓缓述说："过去魔声总是挑选代理多样品牌的各国或各大区域好手，最后发现这样有经验的代理商，因为旗下品牌众多，不会特别关注单一厂商，更没有耐心跟品牌一起熬过开创期的困难。你们逢纬成立不久，代理品牌不多，要靠魔声才会吃得饱，所以非得专心努力卖我们的产品不可！"轻轻抖落烟灰，他继续回忆："不止如此，我不喜欢挑选超过五十岁，做几年之后就等退休的合作伙伴，而愿意给年轻有冲劲的人一个机会。Vivian 你这么年轻，又是知名媒体人，出来创业，‘不成功，便成仁’，一定比我们更在乎自己的成败，‘不挑你，挑谁？’”方仕敬说。

我被他口齿不清的“不成功，便成仁”逗得笑了出来，当下也发现所有担心害怕的缺点，居然在不同人的眼中，有这么不一样的价值！我顿时领悟到，除非是自己看不起自己，除非自己都觉得自己不行，除非还没努力就想放弃，否则年轻、没经验根本不是失败的借口！八个月来，我只负责和团队携手，朝着目标向前走，遇到障碍就解决、挪开、再向前，最后不论成功也好，失败也罢，心态上只求过程全力以赴，绝不允许自己“未战先败”。我在争取魔声代理的过程，发现“没经验，居然成为我最大优势”。

逢纬也好，STUDIO A 也罢，公司上下都为我们能拿下国际级当红大品牌，而且有极好的毛利而开心，算算苹果产品只有可怜的个位数字毛利，耳机商品动辄三成起跳的获利空间，简直是天降甘霖。八个月，是一场信心与毅力的挑战，漫长过程中无数次以为没有机会，偶尔想放弃，但都咬牙苦撑过来。但接下来，人生第一场真正的苦难，才要降临。

19 能力再强，也撑不下去了

一方面是完全没有经验的事业，面对的是国际级的对手；另一方面则是从小到大心底最深处的恐惧，也就是年迈母亲的旦夕性命。我第一次觉得自己无法思考，脑中一片空白……

求学时期，或者是刚出社会的时候，虽然遇到不少困难，但我总觉得只要靠着自己的力量，一个人咬着牙忍忍就过去了。结婚之后，发现要扮演的角色越来越多，妻子、母亲、女儿、儿媳妇；成立公司之后，既是公司主管，又是股东，也是职员，要承受的压力也越来越重，困难常常是同一时间从四面八方涌来，光靠自己一点也不管用。

我在家中排行老六，父母高龄才生下我，从小我就体认到，自己很可能会比同龄朋友更早面对父母老化，甚至生死的议题。只是万万没想到，这个生命议题，会在创业最艰难的时刻突然降临。

危机风暴，迎面而来

拿下魔声耳机独家代理权后，双方决定要在台北开一场盛大的记者会，宣布品牌进军台湾。为了吸引媒体，美国总部相当难得地邀请到篮球明星姚明出席，顺便预告他的“姚系列”即将上市；台湾方面我则邀请到了当红的萧亚轩，盘算着天龙地虎的搭配，时尚歌手加上潮流耳机的话题，绝对能让品牌一炮而红。

这场预计至少三百人出席的大活动，经过三个月的规划，双方至少三百封信件往来，总算敲定场地、布置、经销商、名人、媒体名单等所有细节。活动开始的几天前，美国总裁、特助、首席财务官、首席运营官等所有高级主管从世界各地飞到台湾，我永远记得第一次见面就是在记者会现场，他们前来视察布置情形，当这十位高的、矮的、黑色毛发的、金发的、黄皮肤的、男的、女的主管同一时间出现在我眼前，感觉真的非常适合搭上电影《英雄本色》的配乐。由于我担心又紧张，总觉得一切都好不真实，好像所有人是以慢动作朝我走来，当时我的脑海中浮现出一个画面：“MONSTER（魔兽）真的来了！”

我也算见过不少世面，但在不熟悉的商业领域，各国重要经理人全部聚在一块儿，目标是验收我们的表现，还真是人生第一遭。尤其他们都听说我就是那位敢叫总裁“说话不要动！”的台湾女孩，对我更加好奇。而每个人各有不同口音，我必须一一回答他们所有的问题，除了紧张，我也充满浓浓的不安感。我感受到他们每个人对场地、布置、商品陈列都有不同的意见，所以当晚我立刻把丑话说在前头，任何建议都欢迎，但请在活动两天前告知，才有足够的时间修正！

大活动前心情紧张，招待总部来宾团队压力大，我拖着疲惫的身体，没日没夜和同仁做最后确认，生怕遗漏任何细节。没想到却在这个时候，接到姐姐的紧急来电：“妈妈中风，现在在急诊室急救，马上赶来！”

人生变化无常

其实在那之前，爸爸轻微失智已经有一段时间，偶尔发生走失、摔跤、生病等各种插曲。家里哥哥姐姐虽多，但真正留在台湾的只有我跟老五姐姐，所以几年经验下来，只要看到手机电话出现“天母老家”，或是夜半三更的紧急来电，都会让我神经紧绷，因为不外乎是年长老爸生病急诊，或是发生意外。但万万没想到，这次是一向健康活跃的妈妈突然病倒。我向来不喜欢进出医院，更从来没有处理过这么棘手的问题，我不停深呼吸，逼自己要勇敢面对。

妈妈是上海小姐，我心目中的她永远优雅美丽。她常告诉家人，万一哪天不幸发生这类事情，她绝对不要满身管子，无止境地卧床。但这次中风伤害到母亲的脑神经，又影响了“冲动控制”的机制，情况比想象中的还难处理。

而好不容易中风的妈妈醒来了，却发现自己满身针管，也就是她最不乐意见到的情形，于是她下意识用右手拔掉左手的点滴，鲜血当场喷出来，洒向重症监护室内的白墙上，激动得必须出动两位护士才能压制与安抚。医生把吓坏了的我叫到一旁，展示出了 X 光片，告诉我病情的严重性，之后拿出两张单子叫我签名：第一张是“约束书”，指当病人会影响自己或他人安全时，同意医院使用“约束带”，讲白了，就是要把母亲用软性绷带绑起来，让她动弹不得。第二张是手术同意书，医生告诉我接下来的处理步骤：必须剃光头发，切开外脑，绕过脑骨，深入清血止血。

当时哥哥们因时差无法联系回复，姐姐则正从外地飞回台湾的途中，有的家人伤心过度拿不定主意，只有我一人必须当机立断，决定母亲生命的下一步！我面对医生，脑中一片空白，请他给我一点时间考虑，就在这时候，却接到公司电话：总部列出十项活动修改建议，希望我们在二十四小时内全部完成！

我曾自诩做过新闻工作，什么紧急状况都能处理，但现在一方面是完全没有经验的事业，面对的是国际级的对手；另一方面则是从小到大心底最深处的恐惧，也就是年迈母亲的旦夕性命。我第一次觉得自己无法思考，脑中一片空白，甚至觉得快要停止呼吸。

20 加护病房前的崩溃祈福

“我虽行经死荫的幽谷，也不怕遭害，因为你与我同在。”霎时，我感觉我不再是孤军奋战，我有我的爸爸陪在我的身边，而且我想起他还说过：“疲乏的，他赐能力；软弱的，他加力量。”

我全身无力瘫坐在加护病房门前，不敢将妈妈中风的消息告诉爸爸，哥哥姐姐则还来不及帮忙；公司员工等我一声令下，决定下一步该怎么走；国外来的合作伙伴也在等我们回音；连续忙了好几天，两个孩子放假在家中，眼巴巴等着我回去陪伴。更重要的是，此时此刻母亲的生命好像掌握在我手中，做错任何一个决定，都将成为家族的千古罪人。

我以前一向骄傲于自己能够日理万机，像八爪章鱼一样能够同时处理多样事情，既是贴心主妇又是职场尖兵。但此时才发觉，这一切真是雕虫小技，因为能够靠自己解决的都不是了不起的大事，人到了中年要面对的风暴，尤其是生死交关的大事，似乎非要倚靠信仰才行。

此时先生从公司冲到医院，赶来关心我的一切，我哭坐在他身边，崩溃地撑着头说：“不玩了，全部不玩了！产品我不代理了，魔声叫他们通通回去，活动即刻取消，我只想要待在医院陪我妈妈！”

先生冷静地安慰着我，说：“妈妈我帮你一起照顾，孩子我请爷爷奶奶帮忙，品牌是你努力八个月争取来的，千万不要轻易放弃，所有的同事都会支持你！”

我无力地把头埋进十指间，痛苦地哭着，眼泪鼻涕齐流，你脑中一片空白，心里无比混乱，什么决定都下不了，什么事情都不想做。

我只能用最直白的方式，把心底最深处的倾诉和求救，就像跟爸爸说话一样，一遍又一遍，重复又重复。

刚开始我越重复就哭得越凶，好像我的委屈总算被人倾听，终于有人了解一样，我恨不得一股脑儿说得更多，哭得更凶。卫生纸一张张堆得像座小丘，眼睛哭到红肿，几乎无法张开，不知道过了多久，我在重复声中渐渐平静下来，我感觉我不再是孤军奋战，有了力量。

如果用漫画来描绘这个过程，你会看到一个无助哭泣的女子，原本乌云罩顶，头上全是闪电和暴雨，但下一个画面，却是天空渐渐露出了白云，金色阳光缓缓穿透过来，洒上了女孩的脸庞，女孩肿着双眼，拭去眼泪，不再无助哭泣，露出了坚定的表情。

我走向医生，告诉他今天我两张表格都不签，但是会和家人二十四小时轮班，一起照顾母亲，好配合任何突发状况。我也老实告诉医生，我会在最短的时间内，再向一位脑神经外科权威征询意见，才决定是否动刀。

之后我打电话给公司主管，了解对方要求的十项改变计划，其实都是当初双方已经再三确认过才做的决定，只是被这第一次来台湾的十人小组，你一言我一语给推翻了，更何况我很确定他们要改的内容，并不会让活动更好。

于是我打了通电话给对方主管，很有礼貌地告诉他："过去三个月，你的团队和我的同仁，往来了几百封信件，才决定了今天的一切，可是今天十人小组置之不理，而且在不合理的极短时间内要求修正，既然没有办法尊重彼此同仁的努力，我想我还是取消明天的记者会吧。"

我不是恐吓，而是真的这样想。新闻工作出身的我，最擅长的就是随机应变，时间多短我都能做到"使命必达"，可是经营公司跟做新闻不一样，如果经营公司的最高准则就是老板的一句话，主管想改可以随时改，而且不用尊重合作对象，那我何必要这么多员工？何必浪费这么多时间做前期作业？长痛不如短痛，不合适或者不受欢迎的感情，趁还来得及的时候赶快结束吧。

虽然远在电话的另一头，可是我还是闻到了火冒三丈的味道，那位主管咬着牙，撂下一句：“好吧。就由你们负责！”接着他就挂了电话。

记者会终于开始，媒体人数、经销商家数、名人出席率等等，完全在我们当初的掌握之中，我坐在会场角落，看着顺畅的流程，瞄到对方总裁和十人小组满意的表情，我确信活动没有随意更改是对的。而当晚及第二天报纸，我们的品牌发布会除了“全垒打”上遍所有媒体，同一则消息还用不同的角度出现在娱乐、财经、产业等各个版面，姚明和萧亚轩的合照还破天荒登上联合报的头版头条，从事新闻工作这么多年，我从来没见过这类的品牌发布会能登上这么重要版面。

21 走遍全世界，没人像你这么坚持

我非常想要这个品牌，也好不容易拿到代理权，可是如果从此要以这种模式合作，在老外面前畏畏缩缩，甚至矮人一截，那我少赚一点没关系……结果活动非常成功，证明了我们做事踏踏实实，“不只做完，而且做好”！

会议室里全是人高马大的老外主管，桌上堆满新闻简报，包括电视台报道的侧录带，以及网络、报纸、杂志等各媒体的报道。总裁坐我正对面，快两米高的黑人营销大将坐我隔壁，壮硕的身材加上好像快要把T恤袖子炸开的臂肌，看得我心惊胆战。我和两位经理，三个小小的东方人坐在其中，检讨会议马上就要开始，我一边微笑等待，一边用鼓励掩饰我的不安。

“这次的活动太成功了！”总裁一开口就咧嘴称赞，其他主管看到老板开心，每个人也跟着拍手，我原本以为他们会跟我算账，质问我为什么不肯听他们的话？为什么不肯采纳他们的建议？没想到活动的成功，让所有人不敢再提一句。会后对方营运长特意留下来，他把我叫到旁边，微笑地对着我说："你真的是位非常勇敢的女性，我们走遍世界各地，和全球经销商合作，从来没有遇过像你这么坚持的！"他的尾音拖得长长的，眉毛还挑了两下，虽然满脸堆笑，但我听也知道他不是真心赞美，而是生气中加上些许讽刺，但我没有半点情绪，只是微笑跟他说："谢谢。"

不只"做完"，还要"做好"

我了解和外商公司合作不容易，尤其是跟强势品牌，经销商通常只有乖乖听话的份儿。可是对我来说，赚钱不是人生的唯一，而且我没有什么非要不可的东西。书里说，人生如果有"非要不可"的东西，就会被它控制：有的人是事业、有的人是金钱、有的人是性，可是我并没有，我只期许自己行事为人对得起自己，人前看得到也好，人后看不到也罢，做事"但求无愧于心"，因此没有任何东西可以钳制我。尽管我非常想要这个品牌，也好不容易拿到代理权，可是如果从此要以这种模式合作，在老外面前畏畏缩缩，甚至矮人一截，那我少赚一点没关系！

魔声亚太区销售总监方仕敬回忆起这段往事，瞪大了眼睛，说我当时根本是对他“拍桌子翻脸”，他只好硬着头皮立刻回报，告诉总裁：“Vivian 做事一板一眼，你可以把她‘炒’掉，但不可能让她违背当初的承诺。”结果总裁听了不但没生气，还立刻响应：“对，这就是我欣赏她的地方。全世界的代理商都是‘我们怎么说，他们怎么做’，是 Yes men，可是这女孩很有个性，很有原则，我相信她自己知道在做什么，所以，就依她吧！”

结果活动非常成功，证明了我们做事踏踏实实，“不只做完，而且做好”。

会后魔声首席财务官 Leo 笑着对我说：“承诺的都做到了，不是随便开支票。”而且“活动空前成功，效益超出所求所想”。总裁 Noel Lee 更是开心地当面夸奖说：“能够掌控这么大的场面，而且做到巨细靡遗，全世界经销商中，只有 Vivian 办得到。”

我感谢团队的努力被看到，但那时我没有心思庆功，抛下满屋子的人和欢乐的会场，我赶紧冲向医院，因为母亲的危机还没解决。

主治大夫和护士对我下最后通牒，希望我立刻签字，一张是约束书，要限制母亲的行动；一张手术同意书，要剃光头发动大刀。我央求长庚医院脑神经外科权威来看看母亲，他亲切地问候妈妈，母亲也正面的响应，检查瞳孔之后，这位脑权威说："反应都很正常，意识也很清醒，我认为不需要动大刀，头发只要剃一个十元硬币的面积，把血块引流出来就可以了。"

相信，就能经历

脑权威的判断，激励了全家人的士气。但是接下来的挑战，是如何让绝顶聪明的母亲，在放心安心的状况下，顺利地转院。家人安排了救护车，办好出院手续，告诉妈妈："我们要换到另一个更好的病房，为了避免过度摇晃，所以坐救护车过去哦！请妈妈放心。"

当下我其实担心害怕，因为妈妈早就说过，她这一辈子都要美美地活，万一遇到什么中风、失智，宁愿"活得精彩，死得痛快"，也不要拖拖拉拉连累孩子。我们担心母亲过于激动，决定暂时保密病况，等手术后再仔细向妈妈报告。问题是，救护车抵达的时间是傍晚五点半，在交通高峰期，如何在最短的时间内从天母抵达林口？如何不让妈妈怀疑？

我没有选择，只好陪着妈妈先上救护车，虽然救护车的警笛喔咿喔咿地响，但是市区路段塞得不可开交，我闭上双眼，开始不停祈求。祈求母亲的医治，祈求交通顺畅……不可思议的事情发生了，这么高峰的时段，这么远的距离，我们居然不到二十分钟就抵达林口，我睁开眼睛，以为还塞在士林，救护车司机直说："今天太神了，一路顺畅无阻！"

母亲的手术很快进行，真如脑权威医生所说的，不用剃光头发开脑壳，小小一个洞就能完成整个手术。母亲术后极为清醒，露出慈祥的笑容，全家人如释重负，破涕为笑。

我非常清楚地知道，以前的我冲动没耐心，缺智慧又少理智，没有好友和爱，我可能会对代理商怒言相向，对医生护士抓狂，然后回家自己发疯哭泣。以前的我，绝不可能拥有一颗平静的心，度过所有危机。

CHAPTER 5

我的字典里，没有“放弃”两个字

把每一项产品当作是自己的孩子欣赏，用这种热情为每只耳机寻找风格相似的艺人，配合独一无二的方式营销：天后阿妹、天王周杰伦、情歌王子吴克群等轮番上阵，搭配地上跑的公交车、天上翱翔的飞机当营销工具。重点是：用同样的热情感动对方，用双方都满意的条件合作。

把经销商当成是自己的公司，协助他们设计店面、打造柜位、拟订年度计划，甚至跳下来亲手帮忙陈列销售——翻转行业传统，带来全新的经营概念。

没有经验，从不放弃，小公司从一百万起家，两年内营收好几个亿，创新经营手法获得美国总部肯定，我受邀站上 CES 全球最大消费性电子展舞台，成为 MONSTER 魔声三十年来第一位女性演讲者。

22 满足你的渴望，达到我的梦想

与人谈合作，“自己怎么想是一回事，要站在对方的立场想，满足对方的渴望，才有机会达到我的目的”……于是寄了外国天后将耳机植入MV的影片给阿妹的经纪人，希望双方的合作能让阿妹“与国际天后同等级”！

耳机渠道我们不熟，初期只能先掌握STUDIO A全台三十五家店的业绩。Beats虽然红遍美国，但是台湾大部分人没听过，怎么样善用现有的资源，好好打响第一炮，是我们代理初期最常思考的问题。

Beats进货时刚好遇上新款iPhone上市，iPhone开卖的大清早，都会有大批媒体严阵以待，准备捕捉第一个买到手机的消费者欣喜若狂的画面，或是消费者大排长龙的盛况。而排队是最无聊的时刻，站在原地不能乱跑，却又无事可做，于是我就请了一批俊男美女，带着外形最酷炫的Beats耳机，请大家试听吧！

那天一早，我们的帅哥美女团就备好红、蓝、橘等各色不同款的耳机，以及适合该款耳机的音乐，迈向排队的人潮。我们的同仁热情又专业，产品外形又酷炫，当天不但没有任何人拒绝试听，排队在后面的人还不耐烦地希望赶快轮到他们，看看究竟是什么有趣的产品。

媒体厌倦了每次只拍消费者拿到手机的一号表情，因此也侧拍了不少试听耳机的画面，当作花絮补充。最经典的一幕，是一位排队的大婶原本对耳机没啥兴趣，勉强接受试听，没想到耳机音效太好，大婶戴上去之后，发出好大一声:“哇！”这样的赞叹更让排在后面的客人急着尝鲜。

如何利用手边现有资源，创造最大的宣传效益，一直是我们团队努力的方向。左手拿着STUDIO A的产品，趁势宣传右手握着的代理商品，紧抓媒体本来就会出现的时机，没花一毛广告费，除了帮消费者打发了排队的无聊时间，也给媒体增加了丰富画面，更因顺势搭上热门商品的便车，免费让Beats在各媒体曝光，这种“顺水推舟”的营销方法，连美国总部都对我们赞不绝口。

不放过任何机会

Beats系列产品当时隶属于魔声这家以高质量线材闻名全球的公司，总部的老外讲师和我们不停地共同举办产品说明会、经销商试听会，我也借此学会了好的耳机线“就像好车的汽缸，黄金水龙头的黄金水管”一样重要。这系列耳机强调“听到录音室里的所有细节”，对声音相当敏感的我，每次试听，真的会因为音效太好而有鸡皮疙瘩都要站起来的感觉。

拿着这些学来的技巧，我们向STUDIO A同仁推出了“一人一天卖一台电脑，一人一天卖一只耳机”的口号！先是挑选主打商品，让每一位同仁挂在脖子上，增加产品曝光率；接着分析，若想达到每月业绩目标，每只八千到一万二的高单价耳机，绝对比每张几百元的保贴或是几百块钱的手机壳，更能冲高个人业绩，更快让每店月营收总额达阵。

光有口号不够，还要搭配实际的行动。看准每周六日下午逛街人潮汹涌，我们再推出“ONE TO MANY”配套，让同仁戴着麦克风，通过扩音器，向入店的所有潜在客户介绍计算机，最后再搭配介绍耳机，许多不喜欢销售同仁贴在身边介绍产品的害羞客人，倒是挺愿意趁着这种机会挨在角落听个清楚。总之，就是不放过任何可以让大家认识魔声耳机的机会就对了。

这一路点点滴滴，一步一个脚印，但真正让这个品牌知名度大爆炸、红遍全台的推手，还真要感谢天后阿妹！

满足对方期待，创造合作可能

Beats系列产品在台湾上市之前，在美国已经红了两年，累积不少和大牌艺人合作的画面，像是Lady Gaga、碧昂丝、黑眼豆豆乐团等的音乐录像带，随处都可以见到产品的痕迹。好友郑建国听我兴奋地描述这一产品，突然随口一说："那你要不要试试跟阿妹合作？她快出新专辑了！"

平常时候，厂商就算捧着几百万钞票去敲门，大牌艺人还不见得愿意合作，但发片期只要案子够好，能吸引经纪人和艺人的兴趣，一切都有可能。但我如何善用现有的资源，吸引天后的目光，用双方都满意的条件合作，为商品发挥最大曝光效益呢？

历经苹果店的开店经验，我学会了与人谈合作，"自己怎么想是一回事，要站在对方的立场想，满足对方的渴望，才有机会达到我的目的"。"艺人"就是希望"异于常人"，我体会到对方的这种心态，于是寄了外国天后将耳机置入MV的影片给阿妹的经纪人，希望双方的合作能让阿妹“与国际天后同等级”。当时也流行所谓的“限量版包装CD”：加个特殊赠品，做个很特别的包装；每家唱片公司都绞尽脑汁，思考如何满足粉丝，也能创造话题。

我站在唱片公司的角度设想：如果我能让阿妹亲手设计一款耳机颜色，而且打出全球唯一，限量十组，售价一万六，那么“国际级”+“独家”+“限量”+“天价”，所有艺人喜欢玩的创意全包，应该就有机会争取到合作了。

阿妹的经纪人川哥很喜欢我们提的这个案子，提案不久后，立刻表达合作的兴趣，就在对方准备提出哪首歌曲、哪支MV适合置入时，我们又有新点子：每周末全省STUDIO A人潮至少十来万，如果每一个入店的客人都能听到“全店播放”的阿妹的主打歌；如果能让这支“阿妹戴着Beats耳机”的音乐录像带置入STUDIO A全台湾三十五家店超过一千台桌上型、笔记本电脑，以及iPad、iPhone等的所有展示机屏幕，会不会更酷更炫？

而阿妹的专辑发片记者会，后来就在我们店里召开，新闻稿写着：苹果计算机最大渠道STUDIO A，全省营业时间全天播放阿妹最新专辑《你在看我吗？》，一千台展示机屏幕全部更新，打破以往只有唱片渠道独家试听的数十年历史！

当阿妹走进我们店里，全体同仁大喊“欢迎光临”的那一刹那，我看见她惊喜开心地笑了起来：她听见也看见自己的最新专辑，摇滚着全球最具人气的苹果店，架上摆着自己设计、全球最火的限量耳机：黑色烤漆为底，鲜黄镶边，正中央为皇家桃红色的logo“b”。这肯定是她从来没有过的经历，我在她的笑脸上，看到了做艺人的满足与骄傲，充满“与世界级天后同等”“与全球潮牌同步”的快感。

让阿妹开心，让经纪人高兴，当天媒体记者挤爆现场，各自带着满满的画面、话题回去发稿。我心里很清楚，这场超级成功的跨界营销，绝对能为品牌掀起一波热潮。

23 天王接天后，公交车到天空

台湾团队推陈出新，除了一直有不同的歌手搭配合适的耳机款，行销模式也从记者会、产品发表会、平面与电子媒体，甚至动脑筋到交通工具公交车上，让当时最新推出的耳机系列获得极大的版面与关注，直接提升销售业绩。

阿妹和Beats的结合，不只炒热品牌，提升销售业绩，更引起唱片圈的注目，自此好长一段时间，哪家唱片公司、哪个大牌歌手要发片，我们几乎都略知一二，因为大家都想尽方法，希望能跟苹果、Beats两大国际品牌合作。

紧接在天后之后的，是天王周杰伦新专辑中的《迷魂曲》，这次MV导演豪爽地直接把耳机跟剧情联结：看起来像情报人员的小组，坐上私人飞机，一个个戴上Beats耳机，听着听着音乐，就被催眠进入梦乡，开始展开冒险旅程，很有电影《全面启动》的味道。产品跟歌曲情境完全融合，毫无违和感。产品在天王歌曲中露出的秒数不多，但品牌被看得清清楚楚！

接下来是小燕姐的唱片公司新人“阿福”邓福如。这位原本只是个爱把自己唱歌的影片放在社交网络上的普通人，因为歌声太好，加上每首歌都是戴着Beats唱，因此引起星探的注意而发片。新专辑主打歌当然就来找我们合作，而这次耳机画面可是从头到尾贯穿整支音乐录像带，抢眼的产品几乎快要喧宾夺主，抢过刚刚出道的新人的风采。这首MV后来也成为我们旗下各大经销商，最爱在店里播放的曲子之一。

小配角，也能成为时尚主流

合作完这三档之后，从此我们必须把头戴式、入耳式等几十款耳机分门别类，一个歌手搭配一款耳机，才足以面对接二连三的合作机会：天后是斯文的solo；天王是霸气的Studio；染成金发发片的戴佩妮，我为她挑选了金色入耳式“蝴蝶款”，置入音乐录像带、签唱会，也引起极大的回响。

记得当时艺人黑人和范范刚好结婚，五对伴郎伴娘陪他们热闹地走过红毯，事后黑人为了感谢他们，买了十只头戴式耳机当作谢礼，每只单价上万，单笔消费就超过六位数，而且还主动把左手拎五只耳机、右手抓五只耳机的“澎湃”

照片放上个人网页，产品上大大的“b”清清楚楚显示出来，又打了一次免费广告。

媒体宣传一波又一波，让从前3C卖场的小配角耳机，一跃成为时尚潮流配件，年轻人不管有没有听音乐，脖子上都要挂着耳机，好像这样才赶得上流行，才够炫。这股风潮从歌手中掀起，之后席卷影星、名媛、球星……从音乐录像带里走向现实生活的机场大厅，不管是“名人搜身”单元的名人包包，或是高档的逛街商圈里，歌手泰勒·斯威夫特、名媛帕丽斯·希尔顿、名模海蒂·克鲁姆、影星彭于晏，甚至美国一线篮球球星，通通都被拍到挂着耳机蹒跚而走的画面。我们也就搭着顺风车，从以前只能在极少数的3C版露面，开始发动火力进攻名人时尚、娱乐版、体育版，甚至精品潮流媒体。

而每次的宣传活动过后，都可以明确看到销售数字被带动起来，越大咖的人物出动，增长幅度越明显，效益越长久。我分析了消费族群：男性、学生虽然不少，但是这么高单价的商品，主要支撑客群还是集中在二十至三十岁有固定收入的男性。当下我就思索着：如何把女性消费者的消费欲望也激发出来，创造更好的业绩？

既然以前的3C小配角已经摇身一变，成为潮流商品，营销同仁决定主动将产品信息提供给时尚杂志试试，国际中文版女性杂志，像是《ELLE》《VOGUE》，或者读者更年轻一点的《依依》《大美人》杂志，更成熟的则是像《WE PEOPLE》《TAIWAN TATLER》；周刊也有时尚专栏，像是《壹周刊》《时报周刊》《TVBS》等等，一个都不放过。

随时发想新提案

此外，产品可不是丢出去就不管了，为了提高曝光概率，我们会先帮编辑设定主题：情人节就依颜色归类，提供粉色系供编辑挑选；拍最新春装潮流新款，就会特别挑宝石类、亮色耳机，让编辑搭配；我曾差点一时冲动，想订个“皮草限定款耳机”，用来制作冬天潮流特辑。总之，和媒体合作不是只管我“有什么，就丢什么”，我们会去想编辑“需要什么？”“缺什么？”，秉持着像是跟对方共同完成一个美好案子的心情。

喜爱佩戴耳机的名人类型多，愿意报道的媒体更全面，于是第三阶段，我连“营销道具”也更多元。歌手吴克群当时发行新专辑《寂寞来了怎么办》，唱片公司很有创意地帮他租了一辆公交车，外面包着整张专辑封面及形象照，公交车行驶在台北东区人潮最多的几家夜店，凸显主打歌中“走遍最热闹的地方，也挡不住寂寞来袭”的意境。

我看了这个企划案，主动问对方宣传：“歌迷若被公交车外表给吸引，坐上了公交车，然后呢？”

宣传想想回答：“嗯，就坐着啊！”

我脑筋一动，立刻提了个建议：反正坐着也没事，不如我们提供 iPod 全程播放吴克群的最新专辑，用合作款“N-tune 耳机”试听，车顶再吊挂一系列吴克群戴着商品的海报，就好像是跟歌迷一起聆听！你们配合专辑，称呼这辆车是“寂寞公交车”，我向总部报备，命名为“MONSTER Bus”吧！

美国总部相当喜欢这个案子，觉得台湾团队推陈出新，除了一直有不同的歌手搭配合适的耳机款，营销模式也从记者会、产品发表会、平面与电子媒体，甚至动脑筋到交通工具巴士上，让当时最新推出的 N-tune 系列获得极大的版面与关注，直接提升销售业绩。

也因此，继把公交车当营销工具获得很大回响之后，我又开始天马行空，心想既然已经有“地上跑的”，接下来非要有个“天上飞的”不可，于是花了长达半年的时间，谈妥了“复兴航空”最新的新加坡航线，在商务舱、头等舱全面提供魔声产品，借此营销我们最高价的“总裁耳机”Inspiration，将这款“完全隔绝噪音”的产品广告全面置入机上刊物，以及座位前的广告屏幕，希望以此让更多人，尤其是有高消费能力的族群，认识我们的产品。

24 百万起家，到年收好几亿

前有台湾地区主力媒体、当红艺人接连配合产品曝光；末端有财务健全的各类销售据点，像蚂蚁雄兵般迅速增加；左手有顶级耳机撑起亮眼业绩；右手有中低价格、高 CP 值的耳机冲量，再加上总公司一群认真负责的同事……

天王、天后接力代言，全台媒体铺天盖地的宣传，整个耳机市场出现前所未有的热闹景象：本来零售点需要我们一家一家去“登门拜访”“推销”“试卖”，甚至是“寄卖”，后来因为曝光率高、询问度高，变成各种渠道主动上门要求销售。例如原本以销售生活用品为主的大卖场、量贩店，或者原本只卖高档百万音响的专卖店。而机场内原本也有“王不见王”条款，就是如果商品在 A 渠道贩卖，B 渠道就不卖，但是我们的产品实在太火爆了，最后不但第一、第二航站楼全部上架，而且都是陈列在最明显的位置。

但我们并非所有渠道都卖，更忌讳看到生意就做：有没有提供健全的财务资料，是我们选择合作商最重要的指标。是否正派经营，绝对不卖水货？肯不肯冒着客人跑去别家的风险，愿意咬着牙，配合我们全年不打折？符合所有条件的厂商，我们才愿意合作，不贪快、不短视近利，为的是建立长期合作关系，也降低任何倒账风险，合作条件之严谨，简直比选媳妇还要慎重。

全台湾销售渠道越来越多，高价耳机被我们“平地一声雷”地卖得很火爆，团队对于“产品价格分布”也开始有了新的想法，建议不如再代理一些合适的潮流品牌，同时符合中低价位、高 CP 值的条件，这样美式、法式潮流兼具，高价、中价、低价商品一应俱全，期望朝着“买耳机，找逢纬”，“时尚科技，逢纬国际”的两大目标迈进。

没有不好卖，只有不会卖

我们经营的产品线越来越齐全，花样也越来越多，可是刚开始一般渠道还是会惯性地只愿意进最好卖的几种款式，不太敢尝试全系列商品。为了摆脱这个困境，也为了展示“没有不好卖，只是不会卖”的实力，脑筋动得快的先生，鼓励我们在信义计划区开起了全球第一家“MONSTER

Shop”耳机专卖店。

国外的魔声公司以顶级线材起家，算是“制造业”，习惯把制作好的商品直接或通过代理商卖到各个渠道，像是美国最大的消费性电子商品渠道 BEST BUY，就是他们最重要的据点之一。他们从来没有自己开直营店的动作。

但我们不一样，先是开了 STUDIO A，有了渠道经验，对于经营管理零售点比较有经验，代理耳机之后，便冒出了自己开形象店的想法，把提案交给美国总部，也立刻获得热烈支持。

耳机消费族群既然以青少年为大宗，专卖店的设计定位就完全以“吸引年轻人目光”为最大目标：门口玻璃展示台用“珠宝灯”把商品打得光亮璀璨，价值感立刻提升；暗黑风格像夜店一样酷，搭配色彩缤纷的落地耳机大海报，方便年轻人拍照点赞；全套 DJ 设备，音响开起来就像夜店提早营业，可以当作朋友约会见面的据点，等电影开演、打发时间都很适合；二十组白色钢琴烤漆展示台，上面放着二十部 iPad 展示机，放送各种不同类型的音乐，以及可搭配的耳机，企图让消费者尽情玩个够。

如果你爱听电音，我们有低重音超过瘾机型；你爱打电玩，我们有听起来像 3D 立体音响，机关枪就在你身边扫射的款式；就算你不听音乐，我们也有附麦克风的入耳式耳机，让你可以一边用耳机说话，一边发短信、查日历。总之，“人人都需要耳机！而且不止一支！”已经成为我们不停灌输给销售同仁和消费者的观念！

魔声专卖店风格独特，不但成为全系列耳机的最佳展示中心，艺人发片、签唱会、韩星来台宣传，都曾选择这里作为活动地点，我们甚至办过好几场“DJ 大赛”，用音乐吸引年轻人来参加比赛或朝圣，搭配各大夜店的当红人气 DJ 当评审。参赛者除了要技巧过人，评审的项目之一还包括“现场人气”：在现场支援者最多并“按赞”的参赛者，可以获得“最高人气奖”。

我们的营销团队的无限创意，一次次引爆人潮，最高纪录是两小时内，二十坪小店内至少涌入三百人次进出选购，店面不大，效益之高，就连魔声总部和欧洲经销商也都派人来向我们取经。

前有台湾地区主力媒体、当红艺人接连配合产品曝光；末端有财务健全的各类销售据点，像蚂蚁雄兵般迅速增加；左手有顶级耳机撑起亮眼业绩；右手有中低价格、高 CP 值的耳机冲量，再加上总公司一群认真负责的同事，周末还拼命巡视中南部帮忙销售，“不肯”休假；搭配魔声专卖店排山倒海的活动，示范给各个渠道观摩。

2009年以百万私房钱起家，每个月只赚万元左右的小公司，一步一步，在不到两年的时间内，成为年收好几亿的中小企业。

25 把事做好，好到让你难忘

用真心“搏感情”到这种地步，经销商怎会不拼了命帮忙卖产品？只要有能力做的，我们从来不会小气或藏私，甚至不计回报完全付出，当成自己的店面思考规划。

全省经销商都是我们的衣食父母，在众多耳机品牌环伺之下，究竟怎么做，才能让他们愿意多推销我们代理的产品？我发现，“把经销商当成自营渠道一样用心”，是大家愿意拼命卖我们产品的关键原因之一。

以南部最佳销售据点“海恩”为例，老板吴总夫妇是业界行家，训练出来的同仁热情又专业，销售成绩一直稳居台南、高雄地区之冠，跟我们合作两年后决定来台北开店。我们听到消息后二话不说，立刻自告奋勇协助规划，设计店内平面绘图，我自认有些概念，公司内也有厉害的设计同仁，再拿出我们呈现的魔声专卖店的美学创意，设计图很快就完成，也幸运地符合对方期待。

记得完工之后，我带着经理、业务、美工、营销，一起到店里协助吴老板将产品上架，门口挂上我们品牌的显眼海报，入店后第一柜摆设我们的商品，就连玻璃橱窗也是我们团队和海恩同仁一起亲手堆砌起来的，而整个下午我也跟着站在橱窗外，对着玻璃另一边的同仁大喊“再往左边一点……底部垫高一点……”我们曾拿着我们制作的店面设计图给设计公司估价，对方表示坊间工作室至少开价二十万起跳！

除了从无到有的空间规划、开幕之前的一起上架，就连开幕之后连续三个月的销售计划、周末的吸客活动，我们的团队也一并积极思考提案，我后来才发现负责这个渠道的业务 Alex、Smile 根本周末不休假，陪着海恩共同度过刚来台北开店的适应期，而且还从来不报加班费，用真心“搏感情”到这种地步，经销商怎会不拚了命帮忙卖产品？只要有能力做的，我们从来不会小气或藏私，甚至不计回报完全付出，当成自己的店面思考规划。

我记得后来吴老板跟我说：“我在这个行业经营二十多年了，自认非常专业，没想到跟蒋小姐合作后，发现自己只是旧经验‘回放’，这位电视台来的主播，打破行业旧有藩篱，带来很多新的经营观念，公司营运反而被牵着走，但是配合得很开心，也学到很多！”

需求第一，利益第二

因每一家渠道状况不同，我们会“量身定制”企划案，例如通信行出身的嘉义“力易通”，在耐斯百货一楼拿下新的销售据点，却不知该如何规划出时尚有型的专柜。这时我们的团队马上帮他设计出具有国际感的柜位，搭配明亮的灯光、全系列产品，开幕时老板龚先生兴奋地感谢团队，让他在嘉义也能跟国际同步。

全省大渠道法雅客 Fnac，必须随着百货公司新光三越的节庆共同做活动，我们积极推销新产品的同时，会体贴地请对方先提供既定的节令档期，然后一起思考怎么把商品融入，而不是只管自己“想卖什么”。

记得当时我亲自提案全年度规划给对方主管时，主管从刚开始的总是拒绝、出难题，到最后展开笑脸，兴奋地接纳我们的点子，积极地互相合作，之后我们还成为第一家在法雅客投资专柜的潮牌耳机，并且派专人驻点，业绩不断增长，一直是同业之冠。

合作多年的机场渠道“采盟”，采购主管黄经理就常说：“蒋小姐只要承诺过的，就一定做到，不管经销商规模大小，不会只把商业利益放最前面，而是聆听每一家经销商的需要，这非常不容易，是‘信用比一切都重要’的最好榜样。”

零售的成功，业绩的亮眼，经销渠道的紧密，再加上专卖店的创举，我在此时收到总部的邀请，到美国拉斯维加斯参加一年一度的科技盛事国际消费类电子产品展览会（CES），在这全世界最大的展览，超过两千家厂商竞技的舞台上，担任他们三十年来邀请的第一位女性嘉宾，而且是“东方女性”，演讲分享魔声在中国台湾快速成功的心得与经验。

从零开始，超出所求所想

年轻的时候喜欢自己规划人生，可是计划来计划去，都好像小指头顶端一样，小鼻子小眼睛的等级。婚后，我学习卸下忧愁与重担，结果不但过得更加轻省，还让我历经更多不一样的风景。

接到邀请的那一刻，我心中立刻跳出一句话：“超出我们的所求所想，充充足足地成就一切。”

而这“超出所求所想”，完全就是我当时的心情：中年妇女没有创业经验，基本心愿就是不要失败，好一点的话，多增加一些人生经验，若是还能满足自己的工作欲和成就感，就已经是最大的满足了，压根儿没想到居然还能站上国际舞台，在全是男人天下的科技领域，闪烁一点小小的光芒！

接到邀请时，距离大会还有三个月的时间，我走路也想，洗澡也想，到底如何在短短半个小时内，吸引目光、抓住重点，向全球经销商展现我们快速成长的秘诀？演讲稿写了又撕，撕了又写，总拿不定主意与方向，只好向总部求救。结果总裁Noel Lee鼓励我："第一次见到你，是魔声团队来台湾巡视，双方约好晚上一起用餐，原本以为是简单的餐叙，彼此认识一下而已，没想到你做了整份介绍报告，把自己过去所有新闻经历、媒体报道、出书、拍杂志封面、品牌代言，还有公司从无到有的过程，完完整整向团队介绍。我从未看过这么积极、这么充满热忱的年轻女性。你只要带着当初那份热情积极的态度，就一定可以有深入人心的演讲。Vivian，我对你有信心！"

26 从电子新手，到站上 CES 演讲舞台

非母语演讲，魔声全世界经销商中最嫩的成员，三十年来第一位东方女性……准备演讲的过程中，每每想到任何一个负面字眼，都足以吓得我随时想要放弃，这样紧张担心好几天之后，发现“自我怀疑真是一场折磨”！

从事新闻工作期间，我主跑财经和科技，国际消费类电子产品展览会（CES）对我来说，是全球科技大佬聚会的所在，是产业龙头的年度盛会，也是一窥未来顶尖趋势的橱窗，总觉得遥不可及。

踏入电子产业之后，每年都得亲自出差，才发现现实与电视里看到的五光十色完全不一样：一天平均六场会议，一下飞机不能调时差，马上就得开始行程，而且连续四天不能休息；展场不限一处，全部加起来比三十七个足球场还大，没有事先规划安排，就算走断腿也到不了目的地；再加上短

短几天的展期，通常会涌入十几万的参观人次，连吃饭都像逃难一样拥挤，而这个举办在沙漠城市拉斯维加斯的盛典，走出建筑物热到爆，待在室内冷气又强到让人发抖，每次开会回来，我都要大病一场。

但是2012年的这场盛会不一样，以前都是坐在台下看人，今年轮到我上台演讲，英文非我母语，听讲者又是来自世界各地的行家，有些人代理或从事这行业已经数十年，经验老到又资深，我是业界新手，经验不足、年纪又轻，总觉得非常心虚……一想到这些我就双腿发软，别说到时候上不了台，就连准备讲稿的过程，都因为没有自信不知从何下手。

我试着抚平自己的情绪，一个念头在心中闪现："不要拼命低头看难题，还要抬头仰望！"用完全不同的角度看困难，经常能让我立刻感觉阴影消失。我决定使出我的绝招：既然"担心"不能解决问题，就把一切心头重担放下，只要负责努力做好分内的工作，把最后的结果交到命运手中。

我花了一整个月的时间准备讲稿，回想一路走来成功的关键，并且套用乔布斯演讲时的模式：一页一张照片，或是一页一句重点，务必让呈现出来的画面清晰易懂。

演讲时间是排在"全球经销商大会"的晚上，与会者来自世界各地，忙了一天又有时差，更糟的是大家先用餐才听讲，食物在胃里作怪，正是打瞌睡的大好时机，我该如何出奇制胜？既然是三十年来第一位女性演讲者，既然是媒体工作者转行的新手，既然大会都敢请我来了，我决定就尽量显现我的特殊性吧！

十五个月之内，业绩增长十倍

当晚走进大会会场，场地大到我看不见尽头在哪里，无数圆桌环绕着舞台，强烈的聚光灯照在每一位站在正中央的主角身上。既然是演讲者，我被安排在第一排主桌。我，一位年轻的亚洲女性，旁边只带着了一位戴黑框眼镜的宅男型同事，四周被西装革履、金发碧眼、高大威猛的各国人士围绕。上半场，没有人有兴趣理我们，我相信大家也很好奇，凭什么这两个人坐在中央主桌？

餐后演讲时刻来临，被司仪点到名字之后，我脱下厚重的外套，展现合宜的女性风貌，拿起准备好的道具：镶满闪亮水钻的耳机，戴在脖子上，走上舞台。第一张讲稿，是主播时的宣传照，介绍我的本业；第二张，是有幸担任时尚杂志封面、保养品代言人，之后创立STUDIO A的照片，台下的听众，从吃吃喝喝、吵吵闹闹逐渐安静了下来，大家都想看看这个从亚洲来的、背景这么特殊的女生，究竟有什么料？

第三张照片直接切入重点，如何在十五个月之内，业绩增长十倍的秘诀，接着是一份一份耳机和苹果产品结合的营销案；一部一部亚洲天王、天后与耳机合作的 MV；介绍用来赠送经销商好制造消费者话题的“营销手册”时，台下已经开始有人抄笔记；全球第一家魔声专卖店的照片一打出来，台下更发出“哇”的赞叹声。

紧接着魔声专卖店与艺术结合的画面登场，这场和富邦艺术基金会合作，摆设艺术家黄心建制作的“静止的声音”：一个巨大的耳朵外形，看起来是上百层有机玻璃建构出来的艺术作品。由于当时是跟一年一度“粉乐町”艺术节合作，作品特殊，题材符合店内属性，再加上艺术家本身其实是位听障人士，作品却放置在耳机专卖店，种种话题结合之下，创造一个半月之内三十万人次的造访纪录。

把耳机当 3C 产品卖的业界行家，听到有人将耳机跟计算机、手机结合，或许觉得还好，但是发现大量跟媒体、娱乐、艺人甚至公共艺术、艺术节结合，无不赞叹连连，讲演最后我还分享了正在进行或是即将进行的案子，包括与公交车、飞机、健身房、餐厅的合作案，总之将耳机铺天盖地深入各个场所、各种年龄层，一个都不放过。

抛开自我怀疑，往标杆飞翔

演讲完走下台，同桌的德国经销商立刻凑过来说：“我以为你是哪家公司的秘书呢，没想到英文这么好，演讲内容太丰富了！”另一位金发碧眼的老外更直接地对着我说：“小女生，原来是大老板，赞！”欧洲电信公司、美国大型3C连锁商，更多老外从后面往前寻找我坐在哪里，积极跟我换名片，聊聊经销经验；新加坡、马来西亚的经销商老板也凑上来询问：明年还会跟哪些艺人合作？希望一定要分享资源给他们。也有大公司直接跟我约时间，想来台湾一窥魔声专卖店的真面目。

演讲完后有很多表演节目，但我什么也没看到，都在回应涌上来的致意与回答各式问题，一直到大会结束，全场几乎清空为止。在总部担任首席财务官，同样也是华人的Leo，等我到活动最后，只为了告诉我一句：“Vivian，真为你感到骄傲！”

非母语演讲，魔声全世界经销商中最嫩的成员，三十年来第一位东方女性……准备演讲的过程中，每每想到任何一个负面字眼，都足以吓得我随时想放弃，这样紧张担心好几天之后，发现“自我怀疑真是一场折磨”，不停地阻止我向前。我可以选择继续怀疑自己？或是换个焦点，把信心放在神的身上？于是我决定每次心生负面思想时，立刻离开准备讲稿的办公桌，活动一下让脑袋更清醒，在这样的时刻，脑中总是会浮现这样的话：“他们必如鹰展翅上腾，奔跑却不困倦，行走却不疲乏。”一点一滴，靠着从信念而来的力量，斩断所有负面思考，积极面对前所未有的挑战，我经常还幻想着自己真的插上了翅膀，拼命地往标杆飞翔。

CHAPTER 6 人生胜利组？人生拼命组才对！

创业的每一天，都是一场全新挑战。

和先生做过恋人、夫妻、父母多年，因为工作居然成了同事，角色的改变让彼此都不适应，因此经常有无影刀、隐形剑，在小小的会议里对决。我整整为此苦恼三年，终于明白“人不可能改变人”，唯有放下，改变自己的眼光，靠顺服、靠掌握情绪即将引爆前的关键十秒，才是解决问题的正途。

旧观念以为高薪聘请人才是王道，企业里老臣最重要。公司成长需要大量人力，大胆起用新人之后发现“新手也是宝”，而且“敬业，比专业更重要”。因为你若很专业，可是不敬业，对老板来说就“什么也不是”。但若你很敬业，肯努力，总有一天会变专业，对公司做出最大贡献。

27 ⋮ 夫妻共事：从刀光剑影到“顺服”之路

听到先生跟自己的意见不同，又深信自己一定对的时候，“火力发电机”马上启动，如“剑”的利嘴马上准备出鞘……无论如何，先闭上嘴，不让一时的怒气引发更多的冲突。几次下来，发现“先安静十秒钟”，真的能减少很多不愉快。

公司业绩像坐飞机一样，持续攀升，我表面看起来镇定、开心，内心深处其实非常没有自信。

日文系毕业，一生的梦想是从事新闻工作，在媒体圈内混得小有名气，可是从来没有从商经验，在研究所虽然念的是科技管理，但还是实务经验不足，常放眼望向办公室，觉得自己是这个行业里面最资浅、最没有经验的人。虽然过关斩将，跌跌撞撞中走出一条自己的路，可是旧的问题刚解决，新的挑战接踵而来，不知道怎么处理的我偏偏又挂着“负责人”的紧箍咒，所以“你不行的啦！”“这你怎么会懂？”“没办法解决了！”这类自我否定的声音，经常在我耳边响起。

分析财务数字是我最大的短板，夫妻共事更是我的人生大功课。

虽然是岛内第一个做股市看盘直播的主播，晚间十点有带状理财节目，出版的书叫“精算大师”系列，每个人都认为我很会理财，可是看看股票可以，一张股票才几十块钱，三四位数已经是天价。财务报表则很不一样，任何超出十万元的数值，我就得从个、十、百、千、万、十万、百万……这样一个一个算，当营业额直接跳到几百万、几千万、甚至加总上亿的时候，就是我老眼昏花，一片空白的时刻。

从冲突走向和平共事

为了精准分析向原厂下单的商品种类与数量，我们花了很长的时间，说服所有经销商回报“每周销售业绩”，预估“每月下单金额”，以及他们公司内部的“库存明细”。我很会卖东西，可是刚开始傻傻地只看“预估每月下单金额”，数额越高就越开心。先生则不一样，他是与生俱来的“数字精”，不但能一眼就看穿天文数字，更厉害的是马上能分析出数字后面的意义。

他经常从“每周销售”下手，能在极短时间之内看完几十家的数据，马上回应：A 渠道周销就这么一丁点，库存量又这么高，怎么可能达到预估下单的金额？厂商下单金额错估，我们就不可能达到目标业绩，所以这份报表看都不用看，马上退回去重做！

就因为没有自信，刚开始总觉得先生这类口吻很不给我面子，甚至让我有在同事面前丢脸的感觉。在办公室里我们一向各司其职，公事公办，对于他单刀直入的沟通方式，常让我无法接受，经常不管现场有多少同仁，彼此会马上反击，于是无影刀、隐形剑，两项兵器就在小小的会议里对决。

更惨的是，我们白天要一起工作，晚上还得睡在一起，对工作非常投入的先生，有时会在睡前丢下一句：某某事情你再想一下，明天就要解决！然后他沾到枕头马上打呼睡着，而我就会为了这一句话整晚失眠思考，之后再带着熊猫眼去上班，日复一日。

公司越大，事情越多，我们的冲突也越来越频繁。对于这样的互动模式，我觉得非常痛苦，经常在茶余饭后跟女朋友们细数“夫妻共事的十大坏处”。嘴巴越说，心里越不开心，而且一点也不能解决问题。某天我翻到一本心理学家写的，指导如何挑对象的书籍《二次约会见真章》，男性作者写到自己的择偶条件，不是对方身材多好、能力多强，而是“不让我觉得有威胁感，懂得尊重、欣赏我的人”，当下觉得当头一棒！

想想自己，或许脑袋还算机灵，对待同仁也和气明理，但是在办公室里对自己的先生却经常得理不饶人，有时比对待竞争敌手还严厉。我想一方面是因为公事忙碌内心焦虑，另一方面也可能是从来没有从商经验的我，担心自己能力不足，又选错了方式回应。于是我静下来默默靠冷静与理智找寻解决问题的智慧，就像每次不知如何回应创业难题，都会这样做一样。

就这样默默找寻了好几年之后，我脑海里闪过一个画面：如果自己是男生，恐怕也不会想娶这么“恰北北”（台湾地区方言，表示强势、脾气不好甚至还有些凶巴巴的意思）的妻子吧！又想到古人所说：做妻子的，要“顺服”先生；做先生的，要爱妻子，就好像“爱自己的身体一样”。想到创业合作以来，不管怎么吵架、冷战、理论，除了感情越吵越淡之外，从来没能解决过问题，当下立刻决定，既然负面言语无效，不如试试“顺服”这一招吧！

关键的十秒钟，安静取代怒气

刚开始真的很难，很不容易。听到先生跟自己的意见不同，又深信自己一定对的时候，“火力发电机”马上启动，如“剑”的利嘴马上准备出鞘，这时候我会在心中立刻大喊三声“冷静、理智快帮我”！脑中现浮出“摇牛奶必成奶油，扭鼻子必出血，激动怒气，必起争端”的话语来。然后无论如何，先闭上嘴，不让一时的怒气引发更多的冲突。几次下来，发现“先安静十秒钟”，真的能减少很多不愉快，尤其避免正面冲突特别有效，因为“脱口而出”的话最不经大脑，也最伤人。

一种是“事件发生时”冷静，另一种则是“事件发生前”理智。我们曾经为了是否雇用一位主管产生非常大的歧见，我是要天天和这位主管共事的人，试用三个月之后确认对方不适合，但先生非常坚持留用，甚至为了这事几次大动肝火。我告诉自己：既然决定顺服，就顺服到底，就让自己调整心态吧。但是站在公司的立场，我还是想说个明白，说明主管不适任的缘由，于是我再次发挥冷静与理智的力量，去“用爱说真话”，而且不管对方如何回应，都不要动气。

永远记得当时先生坐在对面，我站得远远的，分析这位主管的状况，先生的确立刻有情绪反应，但事先的理智心态好像让我穿上“小金刚防护衣”一样，不受影响，我几次深呼吸，慢慢地温柔回应：“我会听你的建议，用你的决定，真的不要生气，我只是想告诉你事情的经过，让你了解整个状况。”

吵架，通常是一个巴掌拍不响。以前是火箭炮射来，我马上以机关枪回应，但冷静之后，不让怒火攻击我的心，拒绝让批评论断伤害彼此感情，先生发现我态度转缓，他的音量也就一次次调低。

连我自己都吓了一大跳，我这么泼辣怎么可能有这么平静的语气？若是以前，绝对是剑拔弩张的画面，但我相信一定是冷静带来的力量，让我明白“发怒”不是解决问题的路，不管是谁吵赢，都只会破坏彼此感情；安静关键的十秒钟，让理智介入复杂难解的情绪，几次练习下来，才有可能平静地解决问题。

尽管改变自己不容易，尽管从“刀光剑影”到“顺服”的道路跌跌撞撞，但我终于找到了解决问题的正确路径。

28 敬业，可以让你变专业

当初完全没有经验，甚至不被看好的一群菜鸟，现在一个个在公司里成为独当一面的高阶主管。自诩为“渠道新手”的关先生，靠着“今天要比昨天好”的精神，让公司从二〇一二年开始，夺下《天下杂志》3C 卖场类金牌服务大奖第一名。

原本创业两年才开七家店，上市公司正崴投资之后，资金到位，遇上移动网络的普及，加上智能型手机掀起热潮，短短一年之内就迅速扩张五家新门店，但也立刻面临人手不足的窘境。不愿意挖别家公司老将的墙角，怕挖来了也水土不服，没有其他选择，只好自己培养生力军。

一毕业就加入 STUDIO A，服务九年，现在已经成为部门顾问级资深经理的林毓舜，回忆当时第一次大举招募新人:“光是履历表就来了两千份，主管整整花了一周审核，挑选出两百位通过初试，之后公司再花两个礼拜帮他们做免费教育训练，最后录取最有服务热忱的二十位加入公司团队，录取率只有百分之一。”

大家战战兢兢的，期待这群新人有好表现，老实说也是为情势所逼，没有选择的选择。各家店长刚开始并不看好，还担心指导新人会影响业绩，没想这群新手，跌破所有人的眼镜。

热忱与用心，菜鸟打败老鸟

这群新手最大的特色，是没有工作经验，但要有满腔的热忱，肯学习，愿意奉献服务。我们把新人分散到各家分店，化学效应就这样扩散开来。“有些奥客（闽南语，多指很难伺候的客人，而且这类人通常只在一家店消费一次，甚至不付钱走人，严重威胁商家生计）以及一些完全不懂只想看看的客人，从别家挖来的资深业务一眼就看得出来，不见得会向前招呼，可是总部训练出来的这群新手不介意，还是非常热情积极地服务、解说，最后把奥客扭转成常客，原本不打算消费的，也因为同仁真诚地分享而更了解产品的优点，最后都为忠实顾客。新人的业绩，在短短三个月的时间里一一超过了资深老将！”当时最大门店纽约店店长海伦这样回忆。原本担心新人拖垮业绩，一个季度之后，各家店长主动向总公司请求，将新人放到自己的门店，用他们敬业的态度与热情的服务感染资深的同仁。

我们总是要求大家提供最好的服务，公司虽然已经是3C业内的“模范生”，新人的加入更是把服务的热情推到顶点。可是先生没有因此而自满，总认为自己是“零售渠道新手”的他，每天不停地在思考学习，想要找更好的范例分享给员工。想想，全球服务最好的行业，应该是奢侈品业，在台湾，或许就是LV吧！于是就像美国地产大亨川普主持的电视节目《谁是接班人》一样，关先生带了三名同仁，浩浩荡荡逛进了台北中山北路的LV旗舰店里，约定好分头闲逛二十分钟，之后出来分享自己的感受。

在公司服务将近九年的业务协理林毓舜，回想起这一段还是充满兴奋:“从来没去逛过LV旗舰店，光看西装笔挺的保镖开门，大喊欢迎光临的气氛，就有无上的尊荣感。进去之后，发现业务员除了专业与笑容亲切，每个人腰间还有一个精致腰包，里面装满了各式各样成交工具，让他们服务每个顾客时，都可以迅速又细心。”

四个大男人逛完LV旗舰店之后，决定让当时生意时好时坏的STUDIO A，采取同仁轮值门口大喊欢迎光临的方式，希望让客人一进门就有被热情拥抱的感受。我们家的老大关心，暑假打工实习就是被放在这个工作，一开始专门帮顾客开门，他不是只用嘴喊、用手开，而是真心诚意地迎宾，最后被所有同仁公认，是“最用心喊欢迎光临”的员工。

原本同仁总是把各式服务工具放在后台，可是每天在近一百坪的店里穿梭，又累又会让客人苦等。参访精品回来之后，公司全面启用多功能腰包，里面从个人名片、计算器、随时可以清洁产品的擦拭布、验货拆计算机包装用的刀片……任何可以加快服务速度、增加好感度的成交武器，整整齐齐地藏在同仁的腰间。

做事务求敬业专精的先生，到哪里都能触动工作上的灵感，不久之后还从麦当劳学来“真心为你”比赛，鼓励同仁记录每一天为客人做了哪些贴心服务，每个月再由店长选出最佳范例，录成影片交给总部，让员工投票比赛。刚开始第一名只有送电影票鼓励，后来想到Friday's餐厅的服务生身上常有各式各样的徽章，既活泼又有识别度，于是我们立刻增添了这项奖品，让得奖的同仁戴在领子上，一眼就知道“这就是我们的表率”，也鼓励所有同仁效法。

敬业，才是事业的好基础

STUDIO A 也好，逢纬也罢，“真心为你”的血液流在每一个人的工作热忱里。代理魔声耳机之后，逢纬也来了一位刚毕业的年轻人，他永远剃着小平头，戴着千度的黑框近视眼镜，外语能力非常好，可是说普通话会打结，谈事情会紧张，在公众前说话会冒汗发抖，不管夏天冬天都穿着厚厚的黑夹克。他知道自己的不足，却用“敬业”来扭转一切！

由于代理工作需要随时跟美国联系，当初在众多应聘者当中，我们就是看中他会多国语言，而且英文书信非常流利。无奈新手上路沟通不良，回报的数据常被总部海 K。然而，不管对方骂得多凶，他总是不厌其烦一遍又一遍重做，做到对方满意为止，从来不抱怨。Beats 部分商品销售业绩奇佳，全球都在抢货，他会一通又一通电话打到美国，一层又一层找到发货主管，连续轰炸请求，直到发货主管对他说:“不要再打了，第一批货双倍发给你就是了！”

中国台湾和美国日夜颠倒一点也难不倒他，为了让总部永远在第一时间掌握中国台湾的消息，他自己设定程序，只要侦测到总部寄来的信件，耳机就会发出“当”的声响。白天就算了，更夸张的是他连睡觉也戴着耳机。

这位叫作 John 的同事，并没有为了邀功而告诉我他的努力，是岛外合作伙伴好奇，问到他怎么二十四小时随时都能回应？不睡觉还是上夜班？追问之下才发现这个秘密。我把这个消息告诉美方之后，这位新人的“英勇事迹”在总部传开，直夸我们是全球经销商中最努力的代表。

我问过一位上市公司大老板：两位员工同时来应聘，你会挑“敬业”？还是“专业”？那位老板想也不想，立刻回答:“敬业。”他说:“只要用心，每个人都有机会做到专业。但是你若很资深、很专业，可是不敬业，没有服务的冲劲与热忱，对老板来说就什么也不是。”有些年轻人现在就有这样的问题，时不时换工作，一点小借口就不来上班，不见人影，但如果你很敬业，你很努力很努力，总有一天会变专业，对公司做出好的贡献。

当初完全没有经验，甚至不被看好的一群菜鸟，现在一个个在公司里成为独当一面的高阶主管。自诩为“渠道新手”的关先生，靠着“今天要比昨天好”的精神，让STUDIO A从2012年开始，夺下《天下杂志》3C卖场类金牌服务大赏第一名。曾经不看好的新人John，被认为连试用期都过不了，但是敬业的态度跌破众人眼镜，逢纬几年磨炼下来，2015年甚至被魔声总部邀请，回到他最熟悉的美国工作。尽管他还是普通话说不清楚，说话会紧张冒汗，但是瑕不掩瑜，这些人敬业的态度，为自己的事业打开一片蓝天。

29 用“价值感”打败“价格战”

以前在《商业周刊》担任记者时，一篇不满意的文章，放在渠道一周就足以让我一个礼拜羞得不敢出门，每想到此，“好，还要更好”的斗志便再度燃烧，于是这本史无前例的“营销手册”前后至少做了半年才问世。

我喜欢看实际的穿搭照片买衣服，一样的东西穿在真人模特儿身上，尤其是经过设计的图片，比挂在衣架上的更立体，更容易让我有多种搭配的想象。当然，也容易让人“误认”自己穿起来也会如此高、瘦、美，然后冲动地马上埋单。

随着引进耳机的款式越来越多，我把对时尚的敏锐度放进 3C 的世界里，一副副耳机挂在展示架上，打上珠宝灯，摆在夜店风格的专卖店里，对过去卖耳机的同行来说已经有所不同，但这还是不能满足我的期待。我心想：时装界每季都出“时尚目录”，报纸每周都有“名人穿搭”专版，耳机一定也可以做出时尚有型的版面。

做事不能“随便”，好还要更好！

有了这样的想法，我的同事们立刻向岛外原厂索取资料，也往国内同行搜索，才发现这个行业几乎都像“五金行”卖零件一样，一个产品一张照片，配上一个没有人看得懂的型号，十几二十款样式挤在同一页面上，毫无吸引力可言。

经历过电视台新闻制播的洗礼，我马上请年轻有创意的同事在办公室里搭起了桌上型小小摄影棚，让每一款耳机在灯光美、气氛佳的环境下，展现出不同风格，再搭配几句简单的特色说明，下个新闻式的标题，例如“阿妹独家”“小贾斯汀最爱”“Lady Gaga 亲自设计”，甚至是“韩国当红”“NBA 限量款”……最后搭上佩戴过该款耳机的所有名人照片，甚至是电视台报道的画面截图，一本前后重磅书皮、将近百页内容、搭配百位名人时尚穿搭，史无前例的“营销手册”就此出炉。

说起来简单，执行起来颇不容易，这项创举不但同行未见，连岛外原厂都提供不出这么详细的内容，就因为“史无前例”，年轻同事制作期间常会有“这样就可以”的心态，可是这种作品一放就是两年，并且要铺到全台湾的渠道，哪里有“随便”的空间？回想以前在《商业周刊》担任记者时代，一篇不满意的文章，放在渠道一周就足以让我一个礼拜羞得不敢出门，每想到此，“好，还要更好”的斗志便再度燃烧，于是这本手册前后至少做了半年才问世。

对于耳机市场，产品刚引进时，消费者“看外形”决定是否购买；遇到行家时，“听声音”决定买哪种款式；第三阶段，如果你不是行家，也决定不了要买哪一款，销售同仁会直接拿出“营销手册”，一边翻一边跟你讨论：“喜欢哪位歌手”？或是“习惯哪种穿搭？”通过了解来协助客人下决定，甚至增强消费欲望，好比买第二副、第三副来搭配衣服，或是完成追星的梦想！

用真心搏感情

这样的呕心沥血之作，当然要安排在“精心时刻”发布。我最倚赖的得力助手协理张嫚玲立刻建议，这是召开经销商会议的最好时机，因为经销商们其实很期待各类颁奖、各种销售奖励制度，甚至中南部的经销商都很期待在大会中跟我握手拍照。

我不喝酒、不应酬，所以不可能用酒精来“搏感情”，可是我和团队们有一颗真心，真心感激经销商们，在各大品牌环伺之下，拼命努力销售我们的各品牌产品，于是决定要让所有参加者有“当老大”“至尊”的感觉：第一年的经销商大会，团队在夜店举办，请了十位歌手、名媛、模特儿、造型师等人为耳机走秀，并请所有经销商观赏大秀，各个渠道主管坐在高台上，看着各路名人为我们站台，台下又有近百位文字、摄影等媒体人抢拍，让刚开始合作、还不熟悉我们产品的渠道，建立起更大的信心。

第二年，产品卖得天翻地覆，为了慰劳辛苦的厂商，经销商大会入口处摆上了“龙椅”，每一位前来参加的主管都可以坐上宝座，获得负责该区的业务同仁十分钟“抓龙”服务（按摩），虽然有趣的意义大于实际的疗效，却是真心表达我们的感激，增进彼此之间的情谊，不少前来参加的经销商都笑得合不拢嘴，觉得我们太可爱、太有创意。

大会上，我们总是用心地为北中南各区经销商颁发合适的奖项，像是北、中、南三地各自的“年度最佳业绩奖”“最佳专柜奖”“年度最佳营销奖”……并打造成比金属类更有质感的水晶奖杯。事后我们也发现，他们开心地把奖杯放在零售渠道的显眼处，还会骄傲地跟客人分享荣耀。大会结束前，“营销手册”也由我一一双手奉上，感谢经销商过去一年的辛苦，并拜托他们未来一年继续努力。

我们从来不打折，一经发现会立刻取消经其销权，既然不打“价格战”，就用“价值感”换取经销商的信赖。南部最大的经销商海恩国际吴总经理跟我们合作两年之后告诉我：“蒋小姐，我做音响耳机生意几十年，你们是唯一从来不打折的品牌，却是让我们最赚钱的公司，刚开始很辛苦，但结果却很美好，谢谢你的坚持。”

30 打美好的仗，守所信的道

尽管失去了曾经占我们七成业绩命脉的商品，靠着其他代理的品牌以及业务同仁的努力，还有这些可爱经销商们的支持，我们第一季居然还维持去年同期一样的业绩水平，连我自己都觉得不可思议！

演戏的人，开幕之时就要准备有落幕的一刻；做主播或主持的人，坐上黄金时段的同时，也要有心理准备总有结束下台的一天；从事商品代理，卖得不好得面对代理权被收回，卖得太好更要担心随时被取消经营，由总部自己跳下来直营。这就是各行各业不得不面对的现实。

我心里虽然一直明白这个道理，但是当事情真的发生时，尤其是太快发生，过程中甚至带着“欺骗”成分，还是充满感触和感慨。

Beats 本来只能算是魔声旗下的某一产品系列，当初是两家厂商合作推出，魔声负责制造、全球供应链、零售渠道，以及智能财产事务；Beats的灵魂人物是Jimmy Iovine和嘻哈教父Dr. Dre，他们靠着自己在娱乐圈呼风唤雨的地位，让Beats耳机跟当红艺人合作，快速打响知名度。加上整个产品系列除了包装外的小字，不容易发现MONSTER的痕迹，但是大大的“b”字就印在耳罩两侧最显眼处，用艳红色向全世界人招手，长久下来让人误以为Beats本身就是一个“品牌”。于是合作期限将满的时候，Beats当然决定拆伙自立门户。

失去，也不能原地踏步

转变过程中，Beats来了全新的团队，当然对于各地零售渠道也有全新的想法。我们过去一向表现优异，但也没有因此掉以轻心，对于新来的区域主管，以及负责台湾市场的专员所要求的任何资料，我们一五一十地和盘托出。或许可以说我没经验，也可以说我太老实，但公司是以“厚道”两个字来对待一直让我们认为未来要继续合作的对象，后来却证实对方其实早就跟新的代理商，也就是台湾地区专员自己曾经合作过的老战友谈好，在这样的前提之下，仍然持续不断要我们吐出所有渠道数据，以及各渠道预估业绩，同时还要求同仁陪同巡店，甚至要我们持续提案新年度营销计划，与提供手边资源。

我们最终失去了代理权，不过我无意在这里浪费任何字句去形容对方的手段。确定失去代理权的当下，我有彻底被欺骗的感觉，那几年把品牌从默默无名打造到全台销售第一，部分系列甚至是亚洲第一，那些画面一一闪过我眼前，这种结束方式就好像把自己亲手养大的孩子，不得不双手捧给别人，还要附上嫁妆一样，不但感情上极度舍不得，现实面，一年好几亿的业绩可能就此付诸东流，内心真是五味杂陈。

下一秒，我乐观积极的个性就告诉自己，我可以伤心难过生气，但既然事实不能改变，就不要原地踏步，陷在负面的情绪漩涡里。我用这段话鼓励同仁："那美好的仗我已经打过，当跑的路我已经跑尽，所信的道也已经守住。"接下来大家没空心情不好，因为要赶快打起精神，继续为新年度的业绩与计划而努力。

记得我走到办公室每一位业务同仁的桌前，一个一个跟他们聊聊心里的感受，因为我能体会他们的心情，同样复杂难过，我承诺绝不会让他们自己单打独斗面对经销商，而是由我亲自打电话给每一位合作的厂商老板，感谢过去的照顾，也面对现实，抛下面子，勇敢地亲口告知他们丧失代理权的消息。

照理说，经销商应该是很现实的，谁的产品能让他们赚钱就进谁的产品，哪家代理权被取消，就直接全面退款退货，再跟新的代理商合作。没想到，我获得的回应，出乎意料。

不可思议的结局

这些共同打过仗、同甘共苦的老板们，从市场上得知Beats转换代理商的手段，各个比我还气愤，反过头来还安慰我，除了打电话，我与同仁也立刻展开全台巡回，再次到各个经销点，亲自向每一位老板感谢，亲手握住每一位卖过我们商品的同仁。令人不敢相信的是，这些老板不是只有嘴巴说说，而是用实际行动支持："蒋小姐，你不要担心，你进什么品牌、什么货，我们就继续卖什么，一起努力啦！""蒋小姐，我这个人从不乱开支票，但是我向你打包票，第一年绝不向新代理商进货，他们这种做法很不让人欣赏。"也有些大型连锁店因为公司规定不得不退货退款，但不是以理直气壮的方式，而是抱歉惋惜地对我说："蒋小姐，很怀念过去一起努力的日子，可是公司有规定，真是很不好意思……”

尽管失去了曾经占我们七成业绩命脉的商品，靠着其他代理的品牌以及业务同仁的努力，还有这些可爱经销商们的支持，我们第一季居然还维持去年同期一样的业绩水平，连我自己都觉得不可思议！

写这本书的同时，Beats 已经历经结束和魔声的合作，卖给 HTC 公司 51% 股权，一个月之后又买回 25%，2014 年卖给苹果，2015 年被魔声控告诈欺等历程；我在逢纬的工作，则是因为家人与先生陆续罹癌、离世，必须专心陪伴家人及照顾孩子而结束，尽管如此，我仍持续收到经销商们的关心慰问，甚至为了鼓励支持我的写作，一位一位亲自写信给我，细数合作期间的难忘回忆。

渠道之一嘉义“力易通”龚老板，就在五百字的亲笔信中这么形容我们：总是百分百支持跟全力地辅佐，业务同仁没有满嘴的官话，更不会只用“销售奖励”这个招数，而是以满腔的热情，老板带着同仁一起，出人出货还出力，蒋小姐每项大小事情都清楚参与，而且倾听经销商的需要与建议。带人要带心，我在逢纬看到了。逢纬是我见过最认真的代理商！

CHAPTER 7

谁能给我美好人生？面对人生巨变，没经验也得前进

仿佛电影情节一样，充满欢笑的一家人，周末出游爬山吃海鲜，先生半夜却因皮肤瘙痒难耐挂急诊，反复检查之后，发现居然是所有癌症当中最凶猛的胰脏癌！父亲此时胃痛住进同一家医院，三天后化验结果出来，肝癌末期无法治疗！

为父亲无法医治的病情愁苦，仍要打起精神陪手术后长达五十天不能进食的先生抗癌，回家后还得笑脸照顾年幼儿女。疲于奔命的某天中午，接到来自娘家的电话：母亲在睡梦当中过世。

苦难像波涛汹涌的海浪一样向我袭来。我从完全无法接受，对老天爷破口大骂，到后来完全倚靠朋友的的支持，并且深信“日子如何，力量就如何”，从以前自认为“精心规划，就能有美好人生”，到最后放下自己的骄傲。

31 翻烂笔记本，也找不到答案

过去叱咤商场的黄金法则，面对疾病时全部失灵，先生五十年来累积的成功经验，这会儿通通派不上用场……面对这种完全不知道方向，无法掌控未来的感觉，简直是揪心痛苦。

和先生一起创业以来，牺牲了不少陪伴孩子的时间。女儿小时候我是全职妈妈，当时常盯着先生要他多陪陪孩子，读故事书给女儿听，周末要跟家人共度，可是等到弟弟出生后，我连自己的月子都只休息了两个礼拜，就出门为工作继续打拼，忙得团团转的结果，就是和家人相处的时间更少。但当时我们经常安慰自己，创业初期忙碌是必然的，“以后”一定有机会弥补，等孩子“长大一点”再好好陪他们，“未来”有的是时间。

可是，真的是这样吗？

2013 年 5 月 19 日，一群好友总共五六个家庭约好，一起带孩子们去北海岸爬山、吃海鲜，那天大家边聊天边爬山，一点也不觉得累。先生平常非常注重养生，五十多岁的年纪，永远剃着整齐的平头，戴着斯文的金边眼镜，一米八三的身高，体重永远保持在七十公斤出头，肚子上没有丁点赘肉，油的、肥的食物一律不碰，就算晚上有应酬，也可以忍住满桌美食的诱惑，筷子完全不拆封，直接把食物全部打包回家，为的就怕隔天一早量体重时，发现多个零点五公斤。

山路并不陡，连我们家五岁的弟弟都边跑边跳，轻松地走完全程，可是先生好像觉得吃力，我心想：一定是最近工作太忙了，不然平常他一周至少上三次健身房，这点路程算什么。趁着来到一个可以下山的路口，我决定转弯直冲餐厅，来顿生猛海鲜大餐，希望等一下老公就可以充满活力。没想到吃完海鲜没多久，老公终于忍不住说：“我不舒服，想先回家了！”

被医生一句话打乱的人生

同行的年轻夫妻都习惯称呼我先生为“关哥”，他一直是年轻爸爸们的典范：体力足，精神好，出门在外一定招呼照顾所有的人，不管自己多忙多累，一定陪大家玩到最后一刻，把宾主尽欢当成重责大任。所以当他忍不住要先逃跑的时候，一些朋友立刻关心：“怎么了？还好吧？”有些朋友则是开玩笑说:“周末还要去赚钱?事业做很大,留点给别人啦!”

打道回府的途中,我心里虽有疑虑,但没有太大担心,因为他每年一定做健康检查,血糖、血脂、血压完全正常,体重、胆固醇、体脂稳定,给人的印象就是成人版的“健康宝宝”。

当晚他睡得特别早,睡前觉得肚子痒,找我拿蚊虫止痒药。我看他接过药水,掀开衣服往肚子上涂抹,我不禁好奇地问:“什么蚊子不咬你的脚,专叮你肚子啊?”我们虽觉得奇怪,但也不以为意,当晚早早入睡,没想到我一觉起床,先生已经不见踪影。

才早上六点,人去哪儿了?我打开手机就看到他的留言:全身痒到睡不着,清晨来挂急诊,医生要我马上住院!

我的直觉反应是海鲜过敏,但哪有过敏要住院的?接着我冲到医院,看到报告上写着“黄疸过高,建议深入检查”。就这么几个字,把我们的人生就此打乱!

无法掌控未来,最令人揪心

接下来的一个礼拜,我们就在等病床、不停地抽血,做各式各样高科技检查中度过。明明外表看起来没事,现阶段也不痛不痒，却被要求不断做检查，而且还无法说明病因，但我们也只能心不甘情不愿地立刻切断所有正常工作，取消大量会议。

先生是斯坦福大学博士，大儿子正在念宾州大学生物科技系，遇到这种未解之谜，父子俩依照过去经验，都先上网进行大搜索以寻求答案：用关键词查黄疸的成因，看看黄疸可能代表什么疾病的前兆？黄疸怎么医治？诸如此类。当时总认为，自己没有经验的事，上网一定能找出答案。而医生不准病人出院，但又说不出理由、答案时，越等我们就越心慌，逼不得已，我找了跟先生情同兄弟的长庚医院资深医师，也就是大家口称“部长”的王牌来探视，他一看检查报告，便建议马上转院：“我看到不好的东西，现在还不敢确定，马上转过来做关键检查，不要拖了！”

于是我们立刻决定转进长庚，也在最快的时间内，安排了腹腔镜检查。工作上，我们要求效率，骄傲于自己可以把三天的工作一天做完，觉得只要够努力、够用心，没有做不到的事。但面对疾病，尤其是这种查不出来，或无法确定病因的疾病，真的没办法要求医生现在、马上、立刻给个答案。

过去叱咤商场的黄金法则，面对疾病时全部失灵，先生五十年来累积的成功经验，这会儿通通派不上用场。我和先生两个都是处女座，做事情习惯先有缜密的规划，之后按部就班、照表操课（即按照规划好了的图标上去做），所以面对这种完全不知道方向，无法掌控未来的感觉，简直是揪心痛苦。

帮我祈福好吗？

先生穿着白色袍子躺在病床上，我和护士两个人，一前一后把他推往检查室，一边听着轮子滚动的声音，脑中不断响起医生说的："顺利的话，今天就可以断定究竟是什么病！"我们很期待最后的答案，却也很害怕听到的内容。平常一向明快、镇定、自信的先生，在等待被推进诊间前也不禁微微颤抖，他小声地在我耳边说："老婆，帮我祈祷好吗？"

闭上眼睛，深呼吸，握着先生的双手，我轻声低语："我必不致缺乏，他使我躺卧在清草地，引我在可安歇的水边……我虽行经死荫的幽谷，也不怕遭害，因为你与我同在。"

我请先生感受这绿色大草原、清澈溪水，在金黄色阳光下，被风吹抚的景象，暖风徐徐吹来，就好像慈爱的父亲，陪在身旁，那样值得依赖，那样有安全感。借着祈福，先生的心情逐渐平静，祈福结束的同时，检查室的门正好开启。

现在，准备揭晓答案了。

32 铁人的毅力，足以抵挡麻药的威力

当大家只顾着吃嘴里的食物，他的心里却装满朋友的鼓励、家人的祈福。而当家人着急他一直不能吃东西时，他还能回过头来，安慰大家……

这个检查过程只要十几分钟，但没人能忍受又粗又长的管子通过咽喉、胸腔，直达腹部各个脏器的不舒适感，于是需要进行全身麻醉。当检查室的门再次打开时，医生请我进去听结果，我看先生平静地躺在床上休息，心想他刚才必定睡了一个好觉。

医生说完检查结果，前脚才踏出去，我还在想之后要怎么告诉先生答案时，就听到先生用极其微弱的声音问我："到底有几颗肿瘤？"

我吓坏了！难不成他根本没有睡着吗？

"我怕你不告诉我实情，撑住不让自己睡着，整个检查过程我听得一清二楚，知道胰脏有二点五厘米肿瘤。医生说究竟有几颗？"

绝望中的一线希望

我婆婆常说先生极其自律，而且有钢铁般的意志，小时候读书为了争取好成绩，别的小朋友在玩游戏，他却愿意牺牲玩乐，关在小房间里整天学习，而且手边随时准备十几本参考书，不断考自己，最后熟练到老师一出题，他就可以清楚指出这题型是出自哪本参考书的哪一页！听起来虽然有点夸张，但他成功大学毕业，直接申请到美国斯坦福大学硕士，创下该校十二年来的纪录，又在极短的时间内取得斯坦福博士学位，这样光荣的历史和经历，就可以知道他绝对有过人的毅力！但我以为毅力只适用于学业、事业，没想到他还能抵抗麻药的威力，我吓得不知该如何回答他的问题。

我没打麻药，整个人却比先生还昏沉：胰脏癌，所有癌症中最凶猛的一种！这也是健康检查最难发现的疾病，因为胰脏在腹腔后方，常被空气或其他脏器遮住，超声波无法照到，每年健康检查也没有用，因为不痛不痒，发现时通常已经是中晚期。

主治医生给了我们一线希望，说目前癌细胞还没转移，建议立刻手术切除肿瘤。但医生也提出警告，告知我们这是所有腹腔手术中，规模排名第二大的手术，因为为了切除肿瘤，必须切除将近一半的胰脏，然后把前后的十二指肠、胆管、胃等重新一一接合，术后至少一周完全不能进食。

先生年纪轻、体力好，毅然决定接受这种治疗方法。我们来到长庚之后，很快查出病因，很快决定治疗方法，“人”能努力的部分我们全做了，但是从先生被推进手术房之后，我却经历了一连串从未有过的等待：原本需要六个小时的手术，最后几乎九个小时后才完成；原本说一两周肠胃伤口愈合后就能进食，结果我们整整等了七个多礼拜，五十天后先生才吃进第一口食物。

第一周因为还在修复伤口，先生靠着点滴恢复元气；第二周肠胃还是不通，医生说有人快有人慢，也算正常；进入第三周，全家人都开始心慌，因为不但不能进食，胆汁胃液也囤积在腹部，无法正常消化代谢。在这个阶段，先生历经鼻胃管三进三出的苦痛，这种在极度清醒的状态下，把管子直接由鼻子插入，慢慢放进腹腔的动作，让极度坚强的先生也忍不住掉下一滴男儿泪。

一个原本每天只睡五个小时，精力充沛且无所不能的人，突然得停下手边一切工作，取而代之的是漫无止境的等待，等待那看不见、摸不着，靠着意志力也不能帮忙的肠胃，什么时候才会自然蠕动畅通。过去像呼吸一样自然和习以为常的生理机能，现在变成人生中最重要的头条大事！那时候我们家人每天见面，第一句互相问候的话语，就是问："肚子通了没？"

我们安排三班制轮流陪伴先生，公婆早上，我午班，晚上阿姨照顾。每天中午我拎着便当进病房陪他，实在不忍心打开饭盒，怕食物的香味引得他也想吃，但先生意志力惊人，总是说："没关系，你吃，我不饿。"我长期血红素不足，是那种一餐不吃就会血糖低，饿着了还会头昏易怒的人，看到他用意志力撑过每一个关键时刻，真是打心底佩服他。

住院越久，人越容易心浮气躁，每当这个时刻，我们总是在病房里放着诗歌，抚平焦躁的情绪；无聊没事的下午，刚开始我们会放些轻松好笑的电影，之后发现只有看看度过人生风浪的当事人，见证生命故事的影片，才能真正振奋人心。以前总是用光鲜的一面跟朋友吃饭碰面，手术后没元气、不能吃、又爆瘦，反而谁都不想见，脱下了西装，丢掉了名片，当所有外在世俗不得不一一抛开，家人成为最实际的支持，家人的爱更是所有人最大的力量。

当时很多朋友打电话来关心，“很快会好”“一定会没事”的这些安慰话，老实说，还是没有办法让我们真正平静，但是我们全家人每天都会默念这样一段话：“因为患难生忍耐，忍耐生老练，老练生盼望，盼望不至于羞愧。”事情发生了，发生在最亲近的家人身上，上天没有要我们否认这个事实，但是可以靠着由心而来的平安，接受、面对这种患难，进而产生抗压的力量。而且真正经过患难所产生的忍耐，可以让我们在面对极大的障碍下，还是有能力坚持向前。

结婚以来，那是我们第一次这样常一起读经，一起祈祷，从婴儿时期就接受祝福的先生，大概在这个阶段读了最多的书籍，当大家只顾着吃嘴里的食物，他的心里却装满书中的话语和老天的应允。而当家人着急他一直不能吃东西时，他还能回过头来，以这句经文安慰大家：我现在已经很“老练”了啦，不吃也不会饿，你们不要担心。

33 日子如何，力量就如何

我的脑袋完全无法思考，不想让老爸知道医生的判断，又要撑起笑脸陪先生抗癌，在全身瘫软无力的当下，我流着眼泪，拿起手机，把我的惨状写在亲如兄弟姐妹的伙伴间聊天室……

先生经历一连串检查治疗的同时，我其实不止照顾一位病人。

先生刚转进长庚医院没多久，一天下午我接到姐姐的电话："爸爸不舒服进了急诊！你快回来帮忙！"

老爸爸八十八岁了，这个年纪因为感冒、肠胃不适等原因而进出医院，其实是家常便饭，但爸爸的胃痛不止，情况似乎越来越紧急严重。当时我实在没有办法林口长庚和天母振兴两头跑，情急之下，请姐姐立刻把爸爸也往长庚医院送，我好同时照顾。

就这样，有几天的时间，同一个病房里，左边床睡着爸爸，右边床睡着先生。结婚十多年来，丈人跟女婿第一次相处这么长的时间；白天两人一起聊天，晚上睡觉也能做伴，当时两个人的病情都还没确定，病房不时还能传出笑声。但没过多久，先生确诊为胰脏癌，爸爸的病理报告也出炉了：肝癌末期，医生依照经验判定，最多剩下三到六个月的生命。

生死难关，束手无策

关家也好，蒋家也罢，两个家族从来没有癌症病史，尤其先生那边是长寿家族，奶奶九十六岁离开，外婆九十八岁了还健健康康的。就在一夕之间，一个被宣告是最难医的胰脏癌，一个则是年纪太大，医生根本建议放弃治疗的肝癌末期。我自己一年健保卡用不到几次，对任何疾病都陌生，更没接触过癌症病人，总觉得那是电视报纸上面的故事，离我好远好远，这会儿居然要同时面对两个最亲的家人不幸患病，我整个脑袋都空了！

无力、慌张、不知所措，没办法像刚进媒体工作时，画出树形图来分析行动步骤；没办法像创业初期，抓三个有经验的高手来问三遍，之后用笔记本分析出延年益寿的解决方案。好不容易累积了些人生历练，遇到生死难关时，居然完全派不上用场，我的脑袋完全无法思考，不想让老爸知道医生的判断，又要撑起笑脸陪先生抗癌，在全身瘫软无力的当下，我流着眼泪，拿起手机，把我的惨状写在亲如兄弟姐妹的伙伴间的聊天室。

在那之前两年，我和先生固定参加朋友间的聚会，由于好朋友的邀约，更是参加了小组聚会，刚开始心不甘情不愿，有一搭没一搭的，觉得靠自己什么都行，没什么不能解决的事，参加小组是盛情难却，看能不能去几次之后委婉拒绝。但没过多久，我就发现十人小组不聊八卦，没有客套的表面应酬话，而是“生命遇见生命”：不管你的头衔多大，钱赚得多少，大家都愿意掏心掏肺，把自己人生、家庭、职场中遇见的酸甜苦辣真实分享。之后在好友带领下一起畅谈，寻求最佳的解决方法，久而久之，我发现因缘际会而加入的小组，是我唯一敢把心底话说出来，而且会得到安慰、造就甚至是帮助的地方。之后每周五参加小组的聚会便成为一周大事，不管再忙再累也一定参加，几年下来，小组成员的情谊如同亲兄弟姐妹一般。

全医院最幸福的病房

简短几个字，交代了先生爸爸的病情，也泄漏出我的无助，小组聊天室立刻涌入关怀回应：“我们一起去探视小关和蒋爸爸！”第二天开始，大家真的来了医院！爸爸每天因为胃痛不止，经常蜷曲在床上不愿下床活动，但是看到女儿的好友来探望，似乎因为注意力转移，精神为之一振，露出慈祥的微笑迎接。

为了让父亲能感受到关怀，我用“昵称”介绍已经五十多岁的苏哲明、邱瑞英是“小明、小英”，富邦投顾董事长胡德兴、雅虎亚洲区董事总经理邹开莲成了“飞利浦和萝丝”；卡耐基大中华区首席执行官夫妻黑立言、朱媛成了“小黑、小朱”……大家握着爸爸的手，温暖地为他祝福祈祷，最后爸爸还跟着大家一起畅谈了起来！那个下午，我们的病房绝对是全医院最幸福，笑声最灿烂的一间病房！

关怀不是只有一天，小组成员之后真的轮班探视，固定而持续地陪先生读书，让他在不能吃喝的五十天里，还是有从天而来平静安稳的力量！不论是爸爸突然进重症监护病房的时刻，或是先生意志力软弱的关头，人们都会随时出现，给病人及双方的家人最大的安慰、支持和鼓励。

当时我身心承受极大的压力，内心明明为爸爸的生命末期愁苦不已，还是要打起精神陪伴先生，给他加油打气；白天已经身心俱疲，晚上回家还要安定两个小小孩的心情，既要功课、才艺稳定进步不准落后，又要让他们充满希望，不害怕地持续帮爸爸、外公祈祷，每当我撑不下去的时刻，好友们总是引用书中的话语为我祈福，告诉我："疲乏的，他赐能力；软弱的，他加力量。""你的日子如何，你的力量也必如何。"坚信无论在任何处境，都有能力应对眼前的困境。

我就是这样满载着好友的祝福和鼓励，晚上筋疲力尽，隔天早上又靠着从大家身上汲取的能量，迎接完全不知会从何方而来的挑战。

34 一天的难处，一天当

心力交瘁，体力、意志力薄弱的时候，我总是戴上耳机，把电子音乐开到最大声，一遍又一遍听着电音DJ的《金刚不坏》舞曲，歌词重复着：你想把我击倒，可是我从不让你得逞，因为我怎样都打不败！

肝脏的肿瘤越长越大，挤压到胃部让爸爸痛得无法进食，但为了维持体力，我和姐姐们绞尽脑汁，想做些容易入口的美食，让爸爸愿意张口，哪怕是吃一丁点都好。而先生持续不能进食，医生和家属决定不再无止境空等，再次进手术室检查，才发现胃部伤口太肿，造成管道口径太小无法让食物通过，只好再动小手术，以外力让管道畅通。

我为了爸爸持续胃痛不能进食而心疼，也为了先生想吃而不能吃心慌。一天中午，我一如往常在医院陪伴时，突然接到侄女的电话："小姑姑吗？"听到侄女支支吾吾还带点哽咽的声音，"那个……奶奶早上睡回笼觉的时候，过……

世……了。”

听到这个消息，我的心被整个揪了起来，头痛得快要爆炸。为了照顾先生、爸爸，我已经好几个礼拜没有回天母看妈妈了，也没听说妈妈有任何异状，怎么会这么突然……我已经好久没有抱抱妈妈了，也好久没有跟她聊天，连再见都没有跟她说啊！

悲伤汪洋中的浮木

等到我冲回天母老家，妈妈已经移至医院太平间，一个我这辈子只有听过从没去过的地方，一个阴暗湿冷、充满绝望的所在。姐姐哭红着眼，叙说早上妈妈吃完早餐，梳洗完毕，换好衣服，进房睡回笼觉时，在睡梦中过世的。

从小在我心目中，妈妈就是一个女强人，会洗衣、煮饭，照顾六个小孩，还能上班、管公司、出差。更重要的是，尽管忙成这样，妈妈永远保持她上海小姐的美丽优雅，生了六个小孩还是身形窈窕，小腿比我的还细。家里有个偌大的花园，里头一草一木都是她亲手栽种修剪的，阳台上的地砖也是她跪在地上，一片一片带着工人拼贴出来的。她穿着睡衣绝不出房间，不穿丝袜一定不出门，即便安息了，还是美丽如昔，只是脸上没有任何血丝，一动也不动地躺在我面前，而且，再也不会醒过来了。

我仿佛超级计算机活生生地被拔掉了插头：聪明能干的程序，关闭；强悍不服输的程序，关闭；理性思考的程序，关闭。我彻底体会“行尸走肉”这句话的含义，虽然继续呼吸，可是整个人无力且失去盼望。没有意识地，我发了信息给小组的好友姐妹们：妈妈，过世，太平间，振兴。

太平间里，满满两排人像照片，照片前面，有的点着香，有的供着饭。我知道这些是什么，可是顾不得秽气，我再没有力气走出这狭小房间，只能缩在阴暗的角落里，不知道昏沉了多久，一抬头，居然看到好友们又出现在我面前！我不敢相信，在上班最忙碌的时间，主管最离不开公司的时刻，他们居然抛下一切，从东区飞奔到了天母。原本我不想打扰任何人，更“不好意思”麻烦任何朋友，自我放弃地认为，没人会想跟我这么倒霉的人在一起，可是伙伴们的出现，让我像失去意识的病人被电击器打中一样，又活了过来！再也顾不得任何形象，卸下所有表面的坚强，抱着姐妹们，我放肆地狂哭了起来。

明天自有明天的忧虑

老实说，这时候我不需要被祈福，也不想被祈福，因为我心乱如麻，任何话都听不进去，朋友以实际行动给我一个拥抱，其实比任何安慰的话都还舒心。或许好友也体会到绝望时刻“无声胜有声”的心情吧，他静静地陪了我一阵子，离开的时候只说了一句：“雅淇，一天的难处，一天当！”

这是我对命运第一个有印象的章节，也是记忆最深刻的片段：没有人能靠忧虑多活一岁，也没有人能靠忧虑多长一根黑发，既然忧虑没有用，就把重担卸给上苍吧！担忧未来，并不能解决眼前的困难，相反地，还夺走老天要赐给我的平安，“因为明天自有明天的忧虑，一天的难处，一天当就够了”。

靠着这个信念，我咬着牙，过着往返太平间、殡仪馆、灵堂、医院、照顾孩子的日子，当时经常早上和家人处理母亲后事，下午赶去医院陪伴爸爸、先生，晚上擦干眼泪继续回家陪小孩做功课、练提琴。妈妈生前交代要遵循佛教“做七”，爸爸的生命又被判定倒数计时，全家人害怕爸爸撑不到母亲的丧事结束，而我更着急先生哪天才能肠胃畅通？什么时候才能养好体力开始做化学治疗？心力交瘁，体力、意志力薄弱的那个时候，我总是戴上耳机，把电子音乐开到最大声，一遍又一遍听着电音 DJ 的《金刚不坏》舞曲，歌词重复着：你想把我击倒，可是我从不让你得逞，因为我怎样都打不败！

35 道谢、道爱、道歉以及道别

卫生纸轮流在大家手中传递，每个人都想狂哭一场，害怕现在不说，爸爸有可能再也听不到了，但又怕不知道自己病情的爸爸起疑心，不想让他担心，那种想要泄洪释放，又不得不硬吞下去的感情，比心悸、胃痛还要苦楚。

“老太婆呢？”

每天胃疼不舒服的老爸，住院多天之后，发现妈妈怎么都没有来看他，于是起了疑心不停追问，孩子们虽然从世界各地飞回来，却没有一个人有勇气敢告诉爸爸，“妈妈已经先走了”，更没有一个人有足够的智慧，不知道该不该告诉父亲他的病情。每一天，爸爸一边捧着胃、皱着眉，一边喊着老太婆的时候，就是我们子女最揪心、哭断肠，又不敢流下泪的崩溃时刻。

妈妈走得太突然，所有的子女都非常痛苦，似乎再多眼泪都无法表达心里的那份遗憾。好友知道这状况，不希望让憾事再次发生，善意地建议我们做一件过去从来不知道，却影响我们全家一辈子的事：让我们来对他做“爱的四道”吧！把心底的话，趁爸爸还清醒的时候告诉他，对他道爱、道谢、道歉、道别。

用“爱的四道”说出心底话

我常紧紧搂着孩子，一边亲吻他们，一边说“妈妈爱你”，可是上一代的人保守又不善于表达感情，印象中我没有听过爸爸妈妈对我说过“爱”这个字，兄弟姐妹传承了这份内敛客气，六个孩子当中又有不同的信仰，在这么难过的时刻，还要请他们参加连自己都搞不清楚的“爱的四道”，内心的“退缩”告诉我：算了吧！都什么时候了，让爸爸多休息比较重要；但“勇敢”却鼓励我，“依靠上苍就没有难成的事”，只要祈祷，将所求告诉上天，如果成功，将成为一家人永远的回忆！

我还在心中盘算着该不该说时，不可思议的事却发生了。原本每天还可以简单活动的父亲，突然连续几天极度虚弱地瘫在床上，怎样也不肯下床，到了第三天，师母刚好来探视父亲，正帮爸爸祈福到一半的时候，师母突然问爸爸：“蒋伯伯，你愿不愿意接受我们的祝福？”我都还没搞清楚状况，爸爸居然已经连续点头，微弱地说出：“我愿意！”

为了希望爸爸接受，我已经祈祷了不知多少年，爸爸跟我去过教堂，也曾听我说过书中的故事，可是要让八十多年的教徒点头答应，这是我从来不敢开口，也不敢奢望的事，可是现在一切都真实发生在我眼前。我猜师母也能了解家人的怀疑吧，所以她把整个过程，完完整整都录了下来。

更不可思议的是，爸爸接受祝福后第二天，我如常到医院探视，经过走廊还没到病房的时候，就看到一位背影跟父亲很像的长辈，坐在长廊尽头那边跟人聊天，我还在心里想着：“要是爸爸也能这样，该有多好。”走进病房，没看到父亲的身影，我赶紧冲到刚刚经过的地方，发现昨天还瘫在床上不能动的爸爸，正是眼前正在与人聊天的长辈！

我爱你，谢谢你

捉住这个“神迹”，我马上向家人一一展开游说，希望一起为爸爸祈福。由于大家都亲眼目睹了整个过程，这时真是“如有神助”，没有任何兄姐说“不”，而且马上决定第二天下午，就由好友带领这“爱的四道，祝福礼拜”。

为了最亲爱的爸爸，这时候根本不分什么派别了，历经母亲的骤逝，看到父亲巨大的转变，孩子们这时很希望也很好奇，这祝福礼拜如何进行。平时说话总是慢慢地，但是每字每句皆能打中人心的苏哲明，在阳光洒满爸爸病房的下午，作了简单的开头："没有任何仪式，就是真心的，向爸爸说出你对他的感谢，对他的爱！"

一开始没人敢开口，好友示意我这老么先带头，我硬着头皮，才说了第一句："亲爱的爸爸。"这时全家人都已经红了眼眶，咬着牙，我突然回想起从小到大的点点滴滴："亲爱的爸爸，谢谢你这么老了还生我，我知道养我很难，因为我从来都不听话……可是你还是一直支持我，永远静静地陪伴我，爸爸，真的谢谢你。"

爸爸闭着眼睛，猛点头，我不知哪儿来的勇气，想抓住这或许是今生最后的机会，我说："爸爸对不起，从小到大，逢年过节，你总是一封一封信，一个一个红包袋，密密麻麻写满了对我的祝福，可是我永远觉得理所当然，从来都不知道珍惜，抽出里面的压岁钱，就把你写了整晚的字给扔了。我现在好后悔，好抱歉……而且我说话总是太快，你要是说听不懂，我还会没耐心，不然就是你苦口婆心地开导我，我却经常懒得听，我……真的对不起你，你是最有耐心的好爸爸，爸爸，我爱你，谢谢你。”

我这辈子从来没有这么直白地对人表达心中的感受，能在这么关键的时候一股脑儿地说出来，连我自己都觉得生命因此变得不同了。接下来每个兄姐也都说出了彼此从没听过的真情告白，哥哥忍住泪水，告诉爸爸：“你是我这辈子最好的朋友，也是我这辈子最亲爱的爸爸！爸！我好爱，好爱你。”之后就泣不成声。

二姐说了她和大姐吵架，气得把图画揉烂扔在地上就跑去睡觉，结果爸爸半夜发现，整夜把画纸一片一片压平，还把剩下的部分一笔一笔帮忙完成。小时候的一件小事，让姐姐记了一辈子：“你永远默默付出，真的是最好的爸爸，爸，我也爱你！”

卫生纸轮流在大家手中传递，每个人都想狂哭一场，害怕现在不说，爸爸有可能再也听不到了，但又怕不知道自己病情的爸爸起疑心，不想让他担心，那种想要泄洪释放，又不得不硬吞下去的感情，比心悸、胃痛还要苦楚。

CHAPTER 8

没经验的道路，继续勇敢向前

抵挡不住心中猛烈的愤怒，我疯狂地抱怨我的人生！妈妈、爸爸，然后即将是先生，一生中相处最久、最重要、最亲近的三个家人，就这样活生生地即将一一在眼前消失，而且是在这么短的时间之内！

我不哭，是因为深信我们只是短暂地分离，因为人在世间本来就短暂；我不哭，因为三个可爱的孩子，是我最大的支持，我也是他们最大的倚靠；我不哭，是因为相信我的未来，孩子、家人、好友会和我一起携手，鼓励陪伴我们继续向前！

现在，我继续走在没有经验的人生道路上，不同的是，以前靠自己单打独斗，跌跌撞撞，而且经常鼻青脸肿；现在则是有爱、有家人、有至亲好友陪我一起走过人生，虽然前途茫茫，可是信心满满。

36 没经验的人生，仍然充满盼望

“太过分，老天你太过分了！”再坚强的人，这时候都抵挡不住心中猛烈的愤怒，我火力全开地跟上苍抱怨。妈妈、爸爸，然后即将是先生，我一生中相处最久、最重要、最亲近的三个家人，就这样一一在眼前消失……

没多久，医生宣布先生和爸爸都可以出院了。

五十天不能吃喝的先生，历经第二次手术，肠胃总算开始畅通，能够一点一点进食了。宣布可以出院的时候，公公婆婆和所有家族的成员，立刻拟订“进补作战计划”，希望先生把过去快两个月没吃到的全补回来，之后才有足够的体力进行化疗。

意志力像钢铁人一般的老公，能换过那么长时间不能进食的苦，也能立刻配合“吞食增肥”，就算有时食欲不好，为了恢复元气，也会按照医生规定，按时喝味道不佳的营养素，三餐一定补充到足够的分量，每天还清晨起床快走、健身，不时练个气功。婆婆更是绞尽脑汁，把先生从小到大爱吃的菜，每天按照三餐时间送来，不管他突然想吃什么，婆婆总能在下一餐端到桌上。

爸爸出院的景况则是完全不一样。爸爸已经很少吃喝，分量小到不足以维持每天所需，孩子们带各式各样的美食来，又哄又骗，就希望爸爸能吃一点，但总是丢掉的多，吃掉的少。因此当医生宣布爸爸可以出院时，所有人都非常错愕：不靠点滴，光吃这么一点东西，怎么可能出院?

那段时间，家人奔波于灵堂、殡仪馆、医院之间，七七法事、告别式、出殡轮番进行，体力、心情都非常糟糕。我们不停地跟医生争取，希望让爸爸继续留院，但是医生坚持不准，甚至还放狠话，非要我们办出院手续不可。一个无人的下午，我悄悄去找了医生想问清楚，结果医生总算肯说实话，他很委婉地告诉我："人要离开之前，有一到两周的时间其实是不需要食物的，所以……爸爸回到家里，会比较舒服……接下来的时间，请子孙们要好好把握。"

同样是出院，两种截然不同的心情，一个是盼望，另一个是彻底的绝望。

我打起精神安慰自己，至少老公出院了，至少所有第二代、第三代的子孙都回到台湾，可以轮流陪伴爸爸、爷爷，这是多少年来都不曾有过的团聚。我看到哥哥姐姐轮流陪着爸爸聊天，我的两个小孩帮忙推着外公去公园晒太阳、吹风，五岁念大班的弟弟还会端着布丁拿着汤匙对着外公说："啊，张开嘴，吃下去，要乖噢！"

人生苦难，如海啸袭来

母亲的告别仪式圆满结束，一个多礼拜不吃不喝的爸爸不但撑到现在，再度有反应，原本我想总算可以松一口气。万万没想到，回到家后原本每天还能健身、快走、爬山的先生，突然又觉得肠胃不通，再度进急诊室。

医生悄悄地请我、公公和婆婆到会谈室。急诊检查的报告已经出来，看得出来医生很为难，绞尽脑汁要如何婉转地跟七八十岁的长辈报告他们独生子的病况："是这样的，胰脏头的肿瘤虽然已经切除，但是术后恢复拖延了时间，现在……癌细胞已经转移……"

医院里的冷气本来就凉，医生宣告的内容让每个人的心都冷了大半截，更让房间的气氛降到冰点。

婆婆一听脸马上垮了下来，一向镇定的公公看得出来也有情绪了，我们和医生讨论后，决定立刻展开化疗，不再拖延。讨论结束，公婆离开会谈室，主治大夫用眼神暗示我留下来。

“蒋小姐，都还好吗？”直觉告诉我不妙，医生一定还要再说什么，而且是不可以让公婆知道的事。

“你就直说吧！”我回答。

“嗯……如果有事业，恐怕要准备交接；有心愿，要把握时间赶快实现……”

这什么意思？我真的受够了！再也没办法撑下去，再也不想坚强了！眼泪马上就要夺眶而出的刹那，理智告诉我再忍一下，免得医生不敢进一步告诉我详情，“那……究竟还有多久？”眼前这位医生就是两个月前对我宣告爸爸罹患肝癌，只剩三个月生命的人，我想他也非常为难，面对一个刚刚逝去母亲，马上又要失去爸爸的弱女子，现在又要宣告她的先生——三个孩子爸爸，还有多少生命期限，“嗯……三到六个月吧！”

冲出病房，跑到走廊无人的尽头，蹲在角落里，我捶着墙壁狂哭了起来。

抵挡不住心中猛烈的愤怒，我疯狂地抱怨我的人生！妈妈、爸爸，然后即将是先生，一生中相处最久、最重要、最亲近的三个家人，就这样活生生地即将一一在眼前消失，而且是在这么短的时间之内！

这一天，也绝对是我一辈子情绪起伏最剧烈的一天！下午擦干眼泪，继续回病房温柔地陪伴先生抗癌；在公婆面前继续微笑，不让长辈操心伤心；晚上回到家里，继续笑脸抱着孩子，陪他们温习功课。深夜孩子入睡后，我关上房门，在厕所里，再关上一道浴室玻璃门，把水龙头开到最大，让三层防护掩饰号啕的哭声，不敢让孩子听见坚强的妈妈放肆地哭成这样。

猛烈的水柱中，我瘫在地上大声地狂骂："天啊！我怎能接受最养身、最健康、最优秀的先生，会有这样的人生？我还这么年轻，像是寡妇的样子吗？老大优秀，女儿爽朗可爱，还有刚上一年级不到一个礼拜的弟弟，他们的年纪太小了！跟爸爸相处的时光也太少了啊！"

我哭得又昏又累，迷迷糊糊地睡了。第二天一早是弟弟小学一年级学校日，我戴着厚厚的墨镜去学校，试图把哭成金鱼的双眼遮住，以前新闻工作，让我养成再怎么难过，也能立刻藏起泪水坐上主播台的能耐；再怎么脆弱，也得拼命在众人面前掩饰心情的习惯。我坐在孩子的教室里，跟所有家长一起听着美丽温柔的老师分享孩子一年级的学习大纲，边听边用手机打开信箱，想看看这两天公司有没有大事，结果跳出来的，却是姐姐的家书。

“爸爸昨晚两点钟安详地去世了，哥哥姐姐都陪在身边。知道你最近照顾先生真的是辛苦了，不忍心半夜吵醒你，看到信，再赶回来吧！”

掩藏感情是工作习性

知道这一天随时会来，但没料到是医生宣告先生生命期限的第二天，一辈子最脆弱的时候，更没料到是用电子邮件。双腿急着立刻想冲出教室，大脑却告诉我：全班四十多位家长才刚刚坐定，导师才说话没五分钟，我坐在教室正中间，这时候做出这个举动实在不妥，再次憋着吞下泪水，偷偷驼背低下头，左手按着发抖的右手，假装镇定好像偷擦眼屎一样，用卫生纸拭去大颗眼泪，硬是等老师暂告一个段落，才失魂地往天母老家冲。

抵达的时候，礼仪师已经准备就绪，就等着让我跟爸爸说再见。我握起爸的手，惊讶地发现非常柔软，还有一丝余温，我相信这是因为最后的日子，儿女的持续按摩让爸爸的双手柔软，相信是子孙的陪伴让父亲面容安详，如果生老病死不能避免，我想，爱热闹的爸爸一定还是欣慰最后一程有全家人同在。

但是困难还没有结束，苦难还在上演。

课本从来没有教过，对于患者的病情，家人到底该不该说？对于医生宣判的生命期限，亲人究竟该不该讲？还有，关键时刻，哪些事情一定要勇敢去做？

面对八十八岁的老爸爸，直到生命终了，没人有勇气说出“肝癌末期”四个字，更没有家人忍心告诉他，老妈妈已经在他住院期间，早一步先进了天家。爸爸是在一次比一次剧烈的胃痛中，自己体悟到：“这次，恐怕不会好了……”是在不停询问：“老太婆怎么都没来医院看我？”然后看到子女们总是面有难色支支吾吾的过程中，慢慢发现：“老太婆已经不在了，是吗？”这种想说又不敢说的痛苦，到现在还常常让我揪心。

可是先生只有五十多岁，无论如何一定要让他知道病情，家人们要一起携手面对，但“只剩三到六个月”这种话，我决定放在心里，只哭着打了通电话，给二十三岁的老大豆豆，他是关家长孙，医学常识丰富，万一真发生什么可以与其讨论。其他，我决定一个人全部吞下，希望先生和其他家人，每天还是走在信心的路上，努力抗癌。

“人”能做的，先生一样也没放过：除了两周一次的化疗，中医、树突细胞疗法、能量疗法……只要听说曾经有效的，他都愿意尝试；每一次就医坐高铁到台中，坐飞机到日本、上海，尽管刚动完大手术，尽管正在化疗中，老公永远走得比我还快，行动力比我还强；十几种药分别该什么时候吃，他永远清清楚楚；能量疗法四针、八针打下去，也从来没有听他叫过一声苦，我只能说，钢铁人也不过如此吧！

而对于生死，先生似乎也越来越豁达，我永远记得先生离开前两个月，一次晚餐的时间告诉我：“我其实对生死看淡很多了，活着，跟家人一起当然很好，但是如果真的先走了，我也会平静地接受！”

看着以前谈起事业就“张牙舞爪”的老公，因为更了解生命的意义，话语中温柔又带着无比的信心，对于生死豁达又有智慧，我于是从抱怨、怒骂，渐渐坚信不管未来如何，我们全家一定能够携手坚强向前！

为期不短的住院时间，我们从来没有订过医院里的任何一餐，温柔的婆婆，总是一餐又一餐地做出先生曾经说过好吃，或是从小爱吃的美食，然后亲自跟姑姑、小姑像接力赛似的，滚烫地帮先生送来；八十多岁的公公，每天清晨起床就往医院里冲，只要听到任何有益于治疗的信息，或是任何可以让儿子舒服一点的方法，一定跑得比我们年轻人还快，冲去了解、执行，只希望能让儿子在抗癌的过程中舒服一点，哪怕是一点点也好。

两位小姑总是陪伴着先生聊天，给他按摩，而且不是两三分钟敷衍式的，是持续不断地按到先生都睡着了，还舍不得停，还不肯走。对医学相当有研究的老大，到处寻求国内外医学资源，希望替爸爸了解更多治疗的方法，解释更多的药物作用和反应，好抚平爸爸的不安与焦虑。就连两个年幼的孩子，在老公生病期间也极度团结、乖巧，记得先生临走的前一晚，姐弟俩还拼命完成功课，冲到病床旁边吃便当，边默默地陪着爸爸，用行动为爸爸加油打气。

老公的人缘极好，我每天都要被短信轰炸：我们可以来看 Steven 吗？可以帮什么忙吗？好朋友 Jerry 邱持续不断地联络大陆中医，最后打动几乎不再收病人的老医生，而且亲自陪我们飞一趟上海问诊；STUDIO A 的韩国合伙人，比先生还年长十来岁，下了飞机直接冲到医院，跪在病床前冰冷的地板上，亲自为老公打水洗脚，他说:“这是韩国人用来为最亲近的朋友打气的方式，Steven，你一定要加油，一定要撑过去，好吗？”

化疗到最后，尽管医生已经打下最强的药物，但是所有化疗的后遗症，先生几乎没有出现：他靠着家人的支持、朋友的关怀，维持坚定的信念、良好的心情，他不吐、不拉、嘴不破，只掉了一些头发，而且大部分时间食欲极好，化疗时体重增加……疼痛偶尔发生，但从来不需要吗啡，通常光靠“普拿疼”就可以解决，这对癌症病人来说，几乎是不可能的啊！

生命倒计时的关键时刻，我想邀请公公婆婆等家人，对老公做“爱的四道”，也就是我曾和哥哥姐姐一起对爸爸做的：道爱、道谢、道歉、道别，但是这种邀请，做媳妇哪敢轻易对家人说出来？绞尽脑汁，最后决定用写信的方式，邀请亲朋好友来“祝福”先生，请大家把所有想说、还没说、一定要说的话，趁着这个机会告诉Steven。

几天后老大生日，当时先生已经多天食不下咽，精神状况极差，我还是买了最好吃的奶油蛋糕，在病房床前点上蜡烛，让爸爸替儿子庆祝，可能是最后一次共度的生日，勇敢的老大敞开心胸，在一向敬畏的老爸面前，边含泪，边大声说出对爸爸的感谢、对爸爸的爱；个性一向强硬的我也终于鼓起勇气，道出过去从不轻易说出口的爱，以前从不愿承认的道歉，尽管当晚三个人抱头痛哭，眼泪洒满整个病床，但现在回想起来，总觉得还好我们够勇敢，还好我们抓住了最重要的时刻，现在回想起来，才觉得没有遗憾！

也因此，先生过世之后常有人好奇，为什么我能够看起来坚强镇定？为什么不像其他丧偶的妻子一样，整天哭哭啼啼？我想或许是我们早已装备我们的心，全家人该做的已经努力了，想说的，也趁着老公还清醒的时候对他倾诉。先生一生短暂却精彩，而且载着众人满满的爱，我虽不愿意接受这样的结局，但一想到先生可以不用再忍受病痛的折磨，想到他可以再也不会变老，再也没有病痛……想着想着，却是为他开心了起来。

我不哭，是因为深信我们只是短暂地分离，因为人在世间本来就短暂；我不哭，因为三个可爱的孩子，是我最大的支持，我也是他们最大的倚靠；我不哭，是因为相信我的未来，孩子、家人、好友会和我一起携手，鼓励陪伴我们继续向前！

37 拥有的，就是最好的！

现在，我继续走在没有经验的人生道路上，不同的是，以前靠自己单打独斗，跌跌撞撞，而且经常鼻青脸肿；现在的我虽然前途茫茫，可是信心满满。

常有人问我：夜半时分会不会常哭？如果再来一次，当初还会不会选择嫁给先生？怕不怕未来的人生？担不担心未知的前途？我的答案一律都是：不会！不怕！

以前若有机会出去演讲，常鼓励听众“把握当下”：单身的不要羡慕结婚的，结了婚的不要羡慕有了孩子的，有了孩子的不要又向往单身的……因为不知足，一辈子都不会快乐！那种“失去的最懊悔，错过的最美”，从来不是我羡慕的人生。

我曾在书中读过一段文字：“我无论在什么景况都可以知足，这是我已经学会了。”那是一份坚强又有信心的力量，是人生最美好的境界，抱怨或哭哭啼啼过日子，是最简单又不负责任的，我不想给孩子做这样的示范！先生若在世也绝不会允许，既然不能掌控未来，我就负责努力过好每一个今天，负责过一个“无悔的过去，无怨的现在，无忧的未来”！

年轻时忙于工作，再加上是家里的老幺，从来不懂得关心照顾人。就算遇到朋友婚丧喜庆，常常就是包红包解决；遇到别人家的生老病死，总认为本来就是人生常态，从不懂该如何安慰人。不但心情少有起伏，更不会表达真实感情：常常好的不说，坏的也不想讲，更忌讳的是显现自己软弱的一面！

嫁到关家之后，看着公公婆婆，总是散发出喜乐、温暖与智慧的光芒，我也跟着学了不少长辈的人生智慧，最大的不同是之前经常做负面思考，内心常盘踞着“被害感”：别人一个眼神，一句不经意的话，一个不见得是针对我的动作，都可能被自己解读成“讨厌我吗？对我有意见吗？”，甚至因此不开心好一阵子。

可是现在完全不一样，我在长辈身上学会如何更喜乐，更乐于表达情感，因此我常“被爱充满”，整个人因此大翻转。尤其那段时间父母一个一个地离开，更体会“爱要及时”的道理，因此抓住机会，更懂得如何鼓起勇气，赶快告诉身边重要的人，他们对我如何重要，我对他们如何感激！

被爱感 vs 被害感

“被爱感”不只让我勇于表达正面的言语，对于人与人之间可能有的冲突，或是负面情绪，也会依着“用爱说真话”的原则，鼓起勇气表达出真实感受，而不是被情绪牵制乱说气话，或一股脑儿地全部藏在心里，压在心底，最后积成忧郁或生病。

先生离开后，一位家族大长辈曾经找我，他先关心我们整个家族的情形，之后问我：有没有哭过？有没有真实表达过情感？有没有人可以倾诉？……我告诉他：“有，不止哭，而且是狂哭！还跟老天爷吵过架，吵得很凶，不过现在已经和好；总是和孩子随时随地拥抱，经常敞开心分享；有知心好友能够陪伴谈心，难过的愿意倾吐，开心的愿意赞美……”谈了三个小时之后，长辈说：“我放心了，你没问题的！”

我不知道长辈是哪里看出“我没问题”，不过正面积极的人生观让我面对一段从来没有经验，完全不知如何处理的人生风浪时，还能靠着信心，靠着家人和好友，坚强地走下去。不只我从来不避讳跟长辈谈到这个话题，就连我们的小孩也从来不害怕面对这样的处境，勇敢面对内心的伤痛或是忧虑。

真爱不用预约

我和孩子们常常一起抱着聊天，刚开始我还会说："我们一起哭好吗？"更常一一单独私底下关心：会想念爸爸吗？会伤心吗？答案当然都是"会"，但孩子总是很勇敢地知道，虽然爸爸逝去了，但是还有好多好多爱我们的人，接着我们会开始数，像是爷爷、奶奶、大姑姑、小姑姑、舅舅、阿姨、干爸、干妈……数到后来，孩子自己都会说："妈妈，爱我们的人，真是太多太多啦!!"

因着爱，我终于知道如何正确表达情感，更因"爱里没有惧怕"，在伤心软弱的时刻，我会勇敢地说："我需要帮助!"以前总觉得跟人吃饭碰面，一定要事先预约，不然就是失礼，不然就是打扰。家人生病期间，每天突发状况不断，哪里敢事先预约？但总是在最软弱，需要有人陪伴、安慰的时候，好友会主动出现，有的是常打电话来："雅淇出来走走吧！我们夫妻一起陪你！"有的更是直接到我家按门铃："你现在下楼！我们散个步吧！"

几次下来，我发现"真爱不用预约"，就算被拒绝也并不丢脸。我开始鼓起勇气，在需要帮助的时候主动求救："Kimberly 周末可以帮我带小孩吗？我已经好几个礼拜没办法带他们出去走走了！”“Charlotte可以出门吗？我们去吃个盐酥鸡，然后一起跑步如何？”一个心情最低落的夜晚，我曾发短信给一路支持我的Linda姐妹，请她有空为我祝福，信息一发出，她的电话立刻就来，之后在话筒的另一头整整为我祝福了两小时，结束前我真的有“重新得力”的感受，这时她才说：“这样我就放心了，我现在人在新加坡呢！”

既“被爱充满”，又尝到“友谊不用预约”的温暖，我总算卸下心理防御、甩开骄傲、跑抛开面子，不但学着表达情感，更在需要的时候勇敢地说：“我需要帮助。”这种卸下重担的滋味，真好。

苦难的种子

做了十二年的关太太，现在，我又成了蒋小姐，的确尝到一些人情冷暖，生活的确有所不同。可是，我一点也不在意，我相信我绝不会白白走这一遭，我不会只是“经历”苦难而已，而是让我通过苦难学习成长，也不要太在乎自己心中的不安全感，更不能因此就求神问卜，到处算命，自乱阵脚，而是通过这样的苦难懂得如何体贴别人，甚至为别人提供帮助。

没有经验，我懵懵懂懂地进入媒体业；没有经验，靠着“拼命三娘”的干劲成为电视台的主播、主管；没有经验，逃脱传统框架，和先生成为全台湾最大的苹果经销商。现在，我继续走在没有经验的人生道路上，不同的是，以前靠自己单打独斗，跌跌撞撞，而且经常鼻青脸肿；现在则是有爱、有家人、有至亲好友陪我一起走过人生，虽然前途茫茫，可是信心满满。

“花若精彩，蝴蝶自来；人若精彩，必从爱来”，我真的这样深深相信着！

图书在版编目（CIP）数据

没经验，是你最大优势 / 蒋雅淇著.
— 北京：中国商业出版社，2016.11
ISBN 978-7-5044-9608-9

Ⅰ.①没… Ⅱ.①蒋… Ⅲ.①成功心理—通俗读物
Ⅳ.①B848.4-49

中国版本图书馆CIP数据核字(2016)第238048号

责任编辑：王彦

中 国 商 业 出 版 社 出 版 发 行
010-63033100 www.c-cbook.com
（100053 北京广安门内报国寺1号）
新华书店总店北京发行所经销
北京中印联印务有限公司印刷
* * * * *
880毫米×1230毫米 1/32开 7.75印张 130千字
2016年11月第1版 2016年11月第1次印刷

定价：39.90元
* * * * *